建校九十春，香飘花满园。今天，当站在新的历史时期回首往事的时候，我们高兴地看到：天长中学通过九十年，尤其是近四十年的沧桑巨变，已经以优美的校园环境，丰富的办学经验和丰硕的办学成果跻身于皖东名校之列。回顾我们的历史，展示我们的成绩，旨在褒扬前贤，激励后昆。继往开来，任重道远，让我们携起手来，为把学校建成省级优秀示范高中而努力奋斗。

九秩春秋

——安徽省天长中学校史

李山林　主编

全国百佳图书出版单位
ARTTIME 时代出版
时代出版传媒股份有限公司
黄　山　书　社

图书在版编目(CIP)数据

九秩春秋：安徽省天长中学校史／李山林主编．—合肥：黄山书社，2018.10
ISBN 978-7-5461-7771-7

Ⅰ.①九… Ⅱ.①李… Ⅲ.①安徽省天长中学-校史 Ⅳ.①G639.285.43

中国版本图书馆 CIP 数据核字(2018)第 239939 号

出 品 人　王晓光
责任编辑　高　杨
装帧设计　熙宇文化
责任印制　戚　帅　李　磊
出版发行　时代出版传媒股份有限公司(http://www.press-mart.com)
　　　　　黄山书社(http://www.hspress.cn)
地址邮编　安徽省合肥市蜀山区翡翠路 1118 号出版传媒广场 7 层 230071
印　　刷　安徽联众印刷有限公司
版　　次　2018 年 11 月第 1 版
印　　次　2018 年 11 月第 1 次印刷
开　　本　700mm×1000mm　1/16
字　　数　300 千字
印　　张　20.25
书　　号　ISBN 978 7-5461-7771-7
定　　价　98.00 元

服务热线　0551-63533706
销售热线　0551-63533761
官方直营书店(https://hsss.tmall.com)

重回母校感怀

王明义

这里说的母校是指我读初中的学校，安徽省天长中学。

一九六四年秋我以初考铜城学区第一名的成绩进入天长中学读初中，到一九六八年秋初中毕业离校去农村插队。因为“文革”，让我们延迟了一年毕业。掐指算来，作为学生我离开天长中学已整整五十年了。因为我后来一直生活、工作在本县，所以这五十年里也曾多次回过天长中学。每次回母校，当看到十分熟悉的环境，以及目睹她所发生的变化时，总会生出一些感想，特别是在母校建校七十、八十、九十周年回母校参加她的生日庆典时，更是感慨万千。

一九九八年，天长中学举办建校七十周年校庆，这是我第一次参加母校生日庆典，我作为校友嘉宾应邀回校参加庆典活动。大概由于年少，我虽曾经在这所学校学习、生活过数年，但对她的历史却从未关心过，因而也十分无知。这次回母校参加庆典活动，使我知道了母校早在一九二八年就建校了，并且知道了由于政治的动荡，外敌的入侵、战争的频繁，母校曾遭遇停办、复办，频频迁址等多种复杂的经历，并且还知道了一九二八年第一个共产党人进入天长时就隐身于天长中学内，从而使天长中学成为当时宣传进步、聚集进步人士、推动天长革命运动的重要阵地。由此，我为母校有如此悠久不平凡的历史而惊讶、而骄傲。

二〇〇八年，母校建校八十周年，我再次回校参加她的生日庆典。这次回母校，母校已经迁进了新校区，新校区于二〇〇三年开始建设，至此次庆典活动前，已全部完工投入使用。新校区开阔舒朗，教学区、办公区、运动区、生活区、休闲区井然有序，到处整洁清静。建筑优美富于现代特色，教学设施设备完善，校内道路四通八达，路面宽阔而平坦，整个校园像一座花园，既美丽又肃然，既宁静又充满生气。目睹母校如此巨大的变化，使我不由地感慨，我的母校经历了八十春秋，几多风雨，但在时代的激荡下她正以崭新的姿态向着未来进发。

二〇一八年，即今年，我的母校九十岁，为贯彻节俭办事的精神，校领导研究决定：今年校庆不再举办大规模的庆典活动，只进行一些小型的纪念活动，旨在回顾历程，宣传弘扬老一辈教育家的办学精神。我非常赞赏校领导这一适时、实务的做法。在今年的几项小型纪念活动中，有一项为编写一本天长中学校志。个人认为，趁九十周年校庆时机，认真梳理一下学校的历史，编一本志书，为将来编写校史打下基础，这是一件功在当代利在千秋的大好事。体现了校领导的历史责任感和深远的历史眼光，我很赞成。不过校领导们研究后，要我写篇序言。这使我很为惶恐。虽然作为校友的我非常乐意参与这件盛事，但又觉得这担子太重，怕难以胜任，但拗不过校领导们的真诚与执意，最终我还是接受了这一任务。为了能够完成这一任务，前不久我再次回到了母校。

和以往不同，这次回母校我是有任务的，是带着寻找，带着追问，带着思考回来的。我要寻找什么呢？我是要寻找我对于这一近百年老校沧桑痕迹的记忆和重新认识；我要追问什么呢？我是要追问这一近百年老校为何能穿越时代的风雨，坚定地走到今日，直至成为皖东名校、安徽名校；我要思考什么呢？我是要思考在千百个县级中学中天长中学显然是有其个性的，那么，她独特的个性又是什么呢？

我回到了天长中学老校区，这是我曾经学习、生活了四年的地方。

我在苍松古柏间漫步，我在魁星楼旧址上沉思，我在思源井旁伫立。

我回到了新校区，我在镌刻着学校最早创建人宣啸秋老校长提出的五字治校训言的巨石前肃立，我在校区内啸秋路、兰芬路、学府路上流连，我在色彩明亮的高大的诚致楼、敬和楼、任远楼前注目；我在校史馆内凝神。下课时间到了，我看到了身着统一校服的学生们匆忙而坚定的身姿，看到了他们快乐而自信的脸庞，忽然间我心有所悟，蓦然从心底跳出了一个词：精神传承。

对，精神传承！

这个词的跳出，使我顿觉眼前开朗，心中透明。我此次回母校所带着的寻找、追问、思考，似乎霎那间都在这个词中找到了答案。

是的，天长中学从一九二八年诞生，度过九十春秋直至今天，她像一株永远不老的青松，虽经风霜雪雨却愈发青翠，这必定有其内在的原因，那就是因为她有着自己的精神传统，正是这种精神传统，使她具有了坚定的身姿、顽强的生命力和勃发的生机。

我们姑且称她所独有的这种精神传统为天中精神。

可以说天中精神是伴随着天中创建而一起诞生的。

天长中学的创建人宣啸秋先生是一位学贯中西的教育专家，他所处的是一个新潮突涌的时代，他受当时北大等名校办学思想的影响，立足中国教育传统，融入现代教育理念，形成了自己的教育理想，于天长中学创办之初就提出了“诚、勤、睦、任、新”五字治校训言和“德、智、体、美、群”五字办学方针。宣先生的治校训言和办学方针就是强调教书是手段、育人是目的，学校要通过教书育人，把学生培养成德智体美劳诸方面全面发展，有健全人格，有服务能力的社会所需要的合格人才。宣先生的教育理念和教育理想为天中精神奠定了坚实的基础。学校创办初期和宣先生一道工作的孙晓村、陈洪晋、江树峰诸君也都是有理想、有抱负、有学识的人，他们同样为天中精神的形成做出了贡献，而后来的天中人，包括所有领导、教师以及学生，他们都是天中精神的薪火传人。不管是阳光明媚还是风雨如晦，不管是道路平坦还是崎岖泥泞，他们都能用自己的智慧、勇气、创造精神不懈地维护着自己的理想，共同坚守、丰富、完善着天中精神，从而使这所百年老校始终坚持着向前的步伐。

因为这次回母校，我带着特殊的任务，所以想得比较多，勾起的回忆也比较多。比如我想起，我刚进校不久，我的一首诗被发表在当时的校刊——墙报上，使我兴奋了不少日子。我想起了我的多篇作文被老师当作范文读给班上同学听，甚至还被借到别的班朗读。大约，我的作家梦就从那时不知不觉地产生的吧？我也想起“文革”风暴席卷学校时，学校出现的混乱与恐怖。所有的教室成了各个造反组织的司令部，老师的办公室也被造反派占领，实验室被砸了，图书馆的书被造反派用平板车送到了废品站。两派武斗中，各派森严壁垒，课桌椅都成了构筑工事的材料或战斗的武器。我想起了破“四旧”时，负责到我家抄家的同学发现了我的一部长篇小说手稿，一边骂着狗崽子能写什么好东西，一边将手稿撕碎扔在泥泞里，用脚使劲践踏。我的第一部长篇小说就此被消灭，此后，我再也没写过长篇。我想起我们老三届初高中毕业仓惶离校的景象。一九六八年十月的一天，军宣队宣布，全校老三届学生同时毕业，一个星期内办好毕业、迁移户口各项手续后，即奔赴广阔天地接受贫下中农再教育。欢送大会如期举行，会上革命口号此起彼伏。然而，我发现曾经叱咤风云的革命小将们忽然神色黯然，他们呼喊口号的声音是模糊的，眼神是迷茫的。欢送大会一结束，早已准备好的几十辆大卡车便载着一千多名老三届毕业生，向县城的四个方向奔驰而去，一千多颗年轻的心被载往前途难卜的远方。卡车飞奔扬起的灰尘遮盖了送别的亲人，也模糊了母校的身影。

从整体而言学生对于母校的回忆，必然是各具特色的，有明媚，有暗淡，有欢乐，有痛苦，这恰恰证明母校经历的复杂，时代印记深重，从而也恰恰说明母校的坚持与向前所具有的非凡意义，这也从另一个方面证明了天中精神的价值。

自成的传统上升为天中精神，激励了一代代天中人，一代代天中人薪火相传，把天中不断推向前进，这就是我再次回来对母校的再认识和新解读。

我为母校的优良传统而骄傲，我为天中精神而震撼，我为天中人而自豪。

一个人的生命是由时间证明的。没有时间证明的生命是不存在的，也是无意义的。一个学校也是如此。天长中学用时间的长度证明了她的存在及其价值和意义。并且这种证明仍在持续地进行着。当然，时间在进行着上述证明的同时，还要洗尽铅华，最终留下真相。时间的有情和无情尽在于此。

中国的教育正面临着深化改革的重大任务，相信拥有天中精神的天中人一定会在这场改革中做出自己的贡献，天中人既能赢得昨天，也一定会赢得明天，相信我的母校会通过这场改革更加辉煌。

每个读书人都有母校，母校曾经是培养我们成长的摇篮，同时也是我们终生的精神摇篮，她曾经所给予我们的梦想之光，必定会始终如一地照亮我们向前。我们感恩母校。

亲爱的母校，当您百岁华诞时，我们再回来看您。

谨以此文算作交卷吧。

二〇一八年八月二日

王明义，天长中学校友，中国作家协会会员，中国戏剧家协会会员，中国工艺美术家协会会员，中国小小说学会会员，安徽省作家协会、戏剧家协会理事，滁州市作家协会、戏剧家协会副主席，天长市作家协会主席，原天长市文联主席。

目录

第一部分 安徽省天长中学校史（1928—1984年）

第二部分　安徽省天长中学校史（1984—2018年）

天長中学

安徽省天长中学校史（1928—1984年）

第一部分

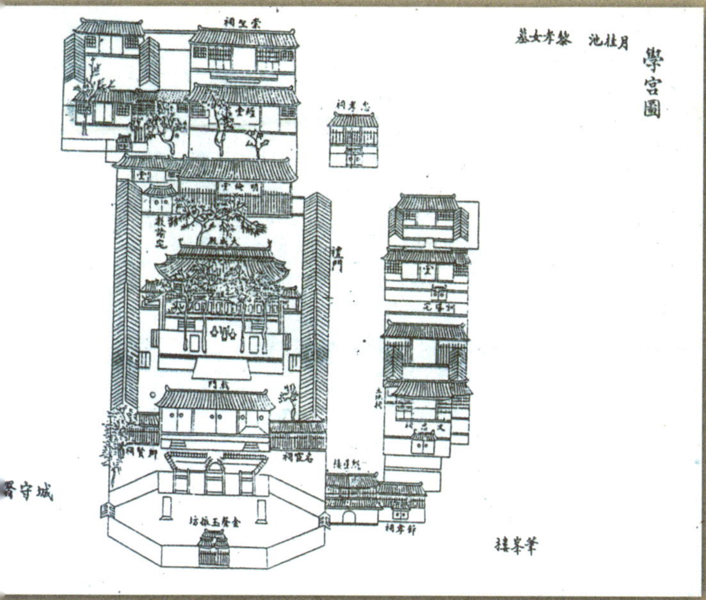

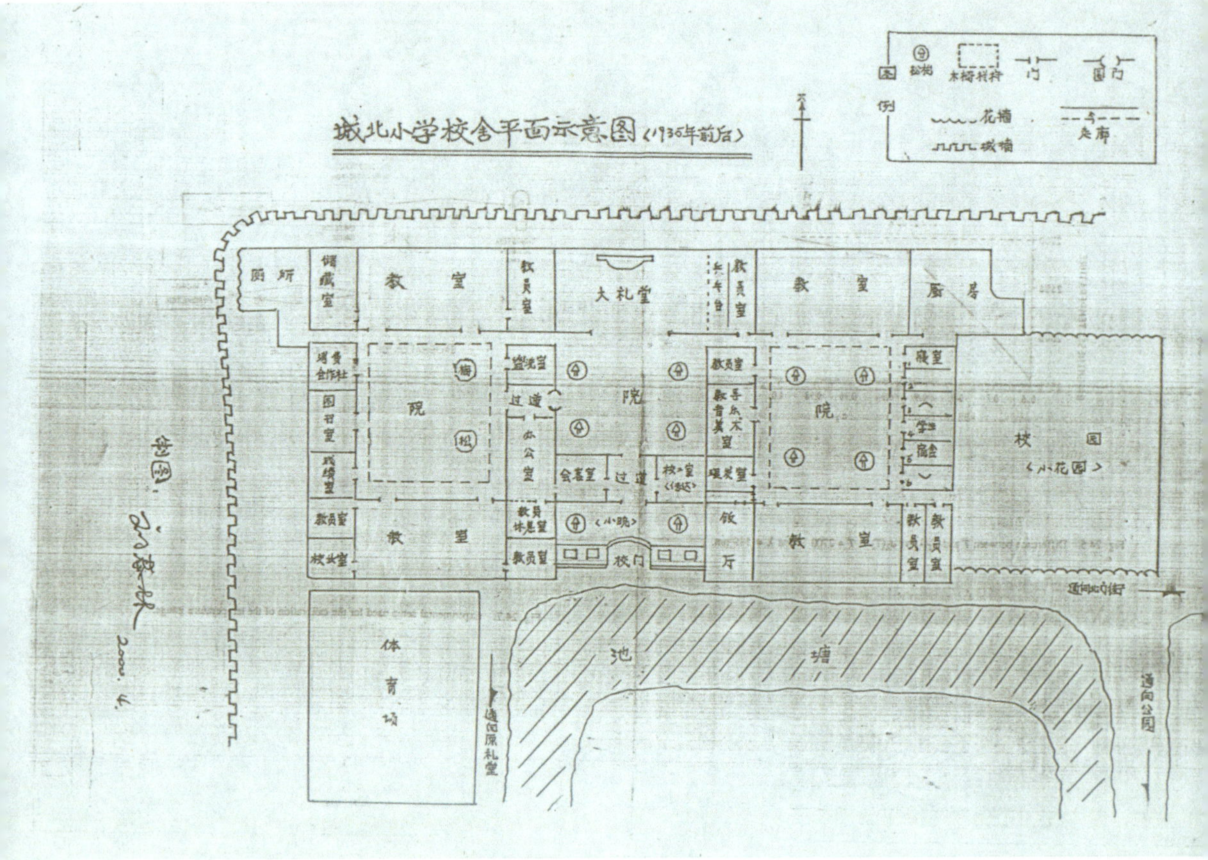

天长中学创办初期校园示意图（天长县立第一完全小学，现城北小学）

天长中学自一九二八年创办至今已五十五年。此期间,社会几经变迁,政事有所兴废,制度有所变革,人事有所更迭。学校面貌亦因之而变化,教育内容则随时而不同。故观校史可以知昔之政治盛衰,人事得失。借鉴前人治校之成败,于办好今日之学校,不无裨益。

(一)天长中学今昔概况

一、抗日战争以前

1. 萌芽期

一九二五年天长城内志成小学校长宣采香于该校附设初中研究部。校舍系邑学界名人宣啸秋先生私邸。同年暑期,天长旅沪同学会同学返乡,在天长县第一高等小学(即今之城北小学)开办初中暑期补习班。负责人张泽民,教师有张洞之、宣浩平、宣筱甫、张雨琴、林绍南、张济民等;学生有李桂英、谷雨、曹月娥等。

一九二六年施孟洁任志成小学校长,把初中研究部迁至天长公园洞天春茶社内,学生三十余人,有朱造坦、印纶、王宝鑫及张哲民等。

2. 创办期

一九二八年秋,县第一高等小学校长宣啸秋先生于该校附设两个初中班,学生约一百人。少数学生年龄在二十岁以上,且有已婚者。

3. 成立期

一九二九年秋,县高等小学初中班续招一个班,四十余人,连同原来两个班,共三个班一百四十余人。同时正式名为天长县初级中学,校长宣啸秋。一九三〇年初,初二两个班部分超龄学生因家庭困难中途辍学,另有少数学生转到安庆职业中学、凤阳师范和贵池乡村师范就读,两个班合并为一个班。一九三〇年秋又招收新生一个班四十多人。彼时共有三个年级三个班,学生约一百五十人。

此期间,学生运动迭起。一九二八年秋,有反对土豪劣绅、高利贷者的活动。一九二九年秋,发生了震动全县的“宣杨案件”(宣谛之、宣浩平、宣筱甫,杨万杰四人因出《三言两语》小报抨击时政,被反动当局逮捕判刑)。

一九三〇年秋，因一次辩论会引起了学潮（上述事件可详见当时之大事记）。同年冬宣啸秋校长因赴安庆营救宣谛之等，也被捕入狱。

4. 一九三一年至一九三六年

一九三一年春，天长初级中学迁校于儒学内，校长为郁国城（郁为总工程师）。儒学后院有宅院三处，每处宅院有瓦房四进，其中西宅院为教育局用房。同期又于天长初中附设师资讲习所，负责人陈培之。招收新生一个班约四十人。同年七月，天长县初级中学首届毕业生肄业。

一九三二年春，郁国城赴德留学，王良才接任。一九三三年宣啸秋复任校长，宣谛之刑满释放亦至天中任教，仍秘密进行革命活动。

二、抗日战争时期

1. “七七”事变至一九三八年冬天

“七七”事变后，抗日救亡运动遍及全国，天中师生亦积极投入这一运动中去。当时宣啸秋校长和宣浩平、陈培之、王显文、汪家政、薛国政等老师带领一部分同学到黄桥小河口一带进行抗日宣传活动。张宗凯老师、周培民老师分头带领学生徒步到铜城、汊涧、秦栏等集镇进行抗日宣传活动。天中师生自编自唱的抗日小调：“七月七日那一朝，北平的卢沟桥，日本鬼子借口要将逃兵找，无故地向我军开了炮……”，到处演唱，颇有影响。一九三七年冬，日寇一度侵犯天长，炮轰县城，焚烧东门街道，学校停课。日寇旋即退回扬州。一九三八年春于城东乡办初中补习班，由宣浩平老师主持。同年七月宣啸秋校长兼任天长县抗日总动员委员会主任，宣浩平老师为动员会后勤部副部长，学校复课，天长师生继续开展抗日宣传活动。一九三八年冬，日寇再度侵犯天长，县城沦陷，学校停办。日伪占领期间，天长城内不设中学，小学被要求开设日语课程，进行奴化教育。

2. 一九三八年底至一九四六年七月

一九四〇年，迁至铜城之国民党流亡县政府解散，抗日民主政权建立。一九四二年到一九四三年间，抗日民主政权在铜城镇西李家长庄办起一所中学，仍名天长中学。校长张威，学生一百多人。来自路东八县（嘉山、来安、天长、六合、高邮、盱眙、仪征、宝应）的学生们，负笈百里乃至数百里，穿过敌人重重关卡，前来抗日民主根据地学习。时局不稳，战事频繁，物资匮乏,生活艰难,而全体师生不畏艰苦,甚至冒着生命危险,坚持学习、工作。此后学校又迁至半塔北至古城与淮南联合中学合并,改名淮南中学,校长王兆全。

一九四五年八月,抗战胜利,天长建立革命政权。一九四五年冬,高景平从淮南中学带领一百多名学生和部分教师回到天长筹备复校事宜。一九四六年春天天中复校,高景平任校长,有五个班,学生约二百人,教职工二十八人。教师有施孟洁、石雁秋、宣大凡等。废除原国民党学校开设之党义、童子军等课程,实行以救国利民为中心的政治思想教育,积极开展文体活动,活跃身心,学校呈现生气勃勃景象。不久,因国民党反动派蓄意挑起内战,天长战端迫在眉睫,学校于七月北撤。施孟洁、石雁秋两位老师和多数同学随校北撤。由天长城出发经龙岗、金沟、黎城、三河、淮阴、涟水至鲁南益林镇休整,部分师生转入干校学习,部分师生直接参加革命工作。

三、解放战争时期

一九四六年秋,国民党接管学校,校长刘广灏,设初中四个班,学生一百六十人左右,教师十余人,职工五人。课程设置与抗战前相同。此期间学校施行法西斯教育,对学生思想加紧控制,动辄以"思想不纯"或"赤化"等"罪名"恐吓学生。至一九四八年冬,天长即将解放,反动当局向南溃逃,将学校财物掠劫一空,天中实已解散。

终国民党反动统治时期,天长中学无所建置,校舍为有唐以来之孔庙,虽殿宇雄伟,建筑工丽,然历遭兵变,年久失修,断碣颓垣,已呈破败景象。解放战争期间,大成殿又毁于战火,新中国成立前夕,国民党反动当局又将学校财物囊括而去,故此时之天中校园更是瓦砾堆堆,荒草榛榛,满目疮痍,一片凄凉。

四、解放后

1. 一九四九年初至一九五七年

一九四九年初,天长解放。二月由县长许采文同志兼任天中校长,直到一九五〇年终。开学时,校园荒芜,房舍空空,师资缺乏,百废待兴。许采文同志在县委关怀和支持下,大力开展工作,克服多方困难。使学校及时开学,正常上课,为解放后开创天中新局面初步奠定基础。自此至"文革”之前，学校颇有建树。一九五〇年四个班学生一百八十三人。一九五一年始到一九五二年终，县长方碧溪兼任校长，增至七个班学生三百五十七人，教职员工三十四人。一九五三年始至一九五六年上半年，县委书记戴恺兼任校长，葛健同志任副校长；一九五六年下半年，葛健同志为校长，增至八个班学生四百七十七人，教职员工三十八人。此期间，校舍年有增建。一九五二年新建教师宿舍六间；一九五三年增教室六间；一九五四年整修礼堂一座（现为男生宿舍）；一九五五年改建宿舍六大间（现为教师宿舍），一九五六年到五七年，新建教室十八间，理化实验室四间，办公室六间，教师宿舍六间，使得天中校貌焕然一新，由刚解放时破败不堪之千年古庙成为初具规模之中等学校。

此期间，学校教职员工参加了反匪反霸斗争、土改、抗美援朝、“镇反”、“三反五反”、“思想改造”、“肃反”、“反右”等一系列重大政治运动。

同时，学校为了使课本知识与生产和社会实践结合起来，加强劳动教育，一九五六年春，废除春假，改为农忙假。

2. 一九五八年至一九六一年

一九五八年秋，增设高中班，招收高一新生两个班一百多人，更名为“安徽省炳辉中学”。校长葛健。一九五九年春，李仲辉为校长。到一九六〇年秋，高中发展为六个班，初中发展为九个班。同年冬，高二毕业班集中到滁州中学复习。一九六一年七月，首届高中毕业生三十三人参加高考，录取三十二人。

一九五八年到一九六〇年，增建教师宿舍十六间，教室六间。此期间，师生参加了“大炼钢铁”“反右倾”等运动。

3. 一九六一年至一九六六年五月

一九六一年学校进入调整、巩固、充实、提高阶段。在党的教育方针、中学六十条的指引下，学校工作稳步前进。直到一九六六年五月，学校一直保持十三到十五个班，学生七百人左右，教职工七十多人，已成为具有一定规模和基础设施的中学。

4. 一九七六年至一九八三年

一九七六年十月，粉碎“四人帮”后，学校教学秩序恢复稳定。一九七七年恢复高考制度,复改为秋季招生。恢复校名,全称为“安徽省天长中学”。一九七八年夏,我校首届毕业生参加高考,至一九八三年已有六届高、初中毕业生参加高中考,录取名额年有增加,高考成绩在地区同类学校中一直名在前列。一九八一年秋,殷亚明校长去职,副校长章鼎鑫、查灿云共同主持校务。一九八三年秋,查灿云为校长,章鼎鑫为党支部书记,顾克栻为副校长。

一九七七年到一九八三年间,学校班级一直在二十四到二十八之间,学生一千五百人左右,教职工一百一十人左右。增建教师办公楼、教师宿舍楼、阶梯教室、物理实验室和行政办公楼各一座。修建三百米跑道运动场一块。绿化校园面积达三千平方米,铺修可行汽车之水泥路六条,达七百余米。修建水泥篮球场两块,面积一千四百多平方米。于道旁路侧,屋前檐后等非活动场所遍植花木,一年之中树色常青,四时之内花香不断。环境优美、景物宜人,“十年内乱”之残痕旧迹至是已洗刷殆尽,天中复为生机勃勃充满活力之校园。一九八三年春,我校被列为全国中等学校之文明学校之一。获教育部、中华全国总工会教育工会奖励。

(二)天长中学前期师生之革命活动

1. 地下党宣传马列,教育青年

一九二八年,原扬州农民暴动领导人之一陈廷奎(陈鸿晋)因暴动失败,经宣啸秋校长引荐至天长任教(陈系宣女婿)。同时,陈又介绍其友人孙晓村(现为民建中央负责人,曾任北京农业大学校长)。陈廷奎来校后,选购了许多马列主义的书籍,放在图书室,供学生阅读。当时青年学生陈舜仪、周原冰、徐速之、印绳之、董小川、梁明伦等深受其影响,积极参加革命宣传活动。孙晓村老师写了《社会组织与社会革命》一书,并于其上题词:“发奋读书,努力革命”。曾对学生说:“太阳下一切都不是永恒的”。

一九三三年五月宣谛之(宣啸秋校长之长子)来天中任教,秘密与陈廷奎联系,宣传马列,进行活动(陈当时在南京工作)。学校有八种报纸,皆有进步性。宣谛之常剪辑报纸上思想内容比较激进之时论文章,张贴于图书室内壁,供学生阅读。又曾翻译外文版《国际通讯》上文章,介绍外国革命思想。在翻译拉第克关于"帝国主义危机"论述时,把"危机"改为"转变",以眩扰国民党文化特务之鹰眼犬目。

宣谛之老师出作文题不拘一格,新人耳目,主张"文为时作"。常组织学生到农村暗中进行封建剥削情况的调查,写调查报告,有两篇登载在《新中华月刊》上。常针对时弊出题,引导学生认识社会症结所在。

当时一些进步学生如周原冰、徐速之、华林、朱化农、朱兆荽、郁怀勤等都已毕业,除周原冰留校图书馆工作外,其余大部分在铜城、杨村等小学教书。他们由于受到陈廷奎、宣谛之和孙晓村等老师的影响,参加社会工作后,仍然进行革命宣传活动。此时周原冰的活动逐渐频繁起来,影响也越来越大。

一九三三年底,天长县有了中国共产主义青年团组织。周原冰同志参加了共青团组织。其后,周准备发展何大启、梁明伦(均系天中学生)为团员,未果。

一九三四年六月,天长县共青团组织被破坏,江苏省委亦被破坏。江苏省委有叛徒,代号小王,假冒巡视员至天长。不久,凡是与"小王"见过面的党员、团员和倾向革命的人皆同时被捕(当时被捕的有华林、周原冰、王世炎、朱兆荽、翁泽春、郁怀群、徐速之等,福成被捕后逃脱),坐牢两个月。朱兆荽、华林被押送镇江监狱,后皆为曹汉三保释。出狱后,周原冰仍在天中图书馆工作。一九三四年十月,出狱的同志又成立了"今天"学社,社长何大林,周原冰、朱兆荽、徐速之、陈舜仪等为理事。周原冰负责学生运动,另组织"准备"学社,出《准备》月刊,两周一期,铅印。其后作为《天长导报》副刊。"准备"学社表面由何大启(学生)主持日常事务,实则由周原冰领导,当时团结了一批人。一九三五年六月,周原冰赴沪,"准备"学社停止活动。"今天"学社的机关刊物是《今天》半月刊,主编朱兆荽,为当时中共天长县委书记。一九三六年初夏,朱兆荽离开天长,"今天"学社停止活动。

3. 写革命标语,出革命刊物,抨击时政

一九二九年夏暑假期间,天长在外地一批大学生组织旅外学生会,从上海、南京等地回乡,有宣国华(宣谛之,金陵大学学生)、胡天(石梁人,上海法政大学学生)、陶器(字成玉,南京中央大学学生,国民党员)、欧鲁川(字阳汶,张铺人,上海复旦大学学生)、宣闳(字筱甫,天长东门外人,上海法政大学学生)、张汝川(城里人,上海法政大学学生)、郭兆元(字任寰,蔡河人,南京中央大学学生)等十余人。宣谛之等城内几个学生即在天中进行革命活动。天中一些进步学生配合他们在街道上用粉笔写"打倒蒋介石""打倒帝国主义""打倒土豪劣绅""反对军阀混战"等宣传标语。旅外学生会在宣谛之主持下,决定出"三言两语"小报(油印)。此时正值蒋阎冯中原混战,国民党天长县政府进行募捐援蒋活动。这个小报尖锐地揭露了其内幕丑恶,指出蒋阎冯都是大军阀,军阀混战不论谁胜谁负,皆无益于人民百姓,呼吁拒绝捐款。该小报第一期正在刊印时,即被人向国民党部告密,宣谛之、宣浩平,宣筱甫、杨万杰四人当时即被捕关押,时称"宣杨案件"。

宣杨四人在天长关押约两月,国民党安徽省政府指令在安庆受审。审判结果:宣筱甫无罪释放(据说花了钱),宣浩平、杨万杰二人被判二年徒刑,宣谛之被判三年徒刑。

宣谛之入狱不久,宣啸秋校长至安庆营救,亦被捕入狱。此时,陈鸿晋亦回扬州,不久,陈被友人介绍到南京中山文化教育馆工作。当局一些人说:"宣啸秋再当中学校长,天长就赤化了。"于是本城人郁国城被派来当校长。

(三)天长中学早期社团组织和刊物

1."中学生巡视团"

一九二九年,周原冰和崇润等(初一学生)曾组织中学生巡视团,口号:"学习、爱国、学生自治。"有十多人参加,后因崇润分裂,未果。

2.《天长初中概况》

一九三二年,宣啸秋校长写《天长初中概况》一书,其中"天长初中图书管理概述"一章系周原冰用文言写的,宣啸秋为文作序。

3.“准备学社”和《准备月刊》

一九三二年，周原冰筹备成立“准备学社”，表面上由天中学生何大启主持日常事务，实则由周原冰同志领导，《准备月刊》两周一期，铅印，其后即成为《天长导报》刊。

4.《天长中学校刊》

天中初创，曾出《天长中学校刊》数期。今南京龙蟠图书馆有藏本。

5.天中初创时校歌

4/4　　校　　歌　　陈培之作词并谱曲

1 1	1•5	1 3	5 5 |	4 3	2 —	2 3 |
国	军	北	伐	正	成功	兮
北	搅	涛	涛	甫	横海	兮
英	才	济	济	聚	一堂	兮
大	学	专	门	此	基础	兮
中	华	文	化	上	下四	千
4 4	4 2	3•1	1 3 |	6 3	4•2	1 — |
斯	校	诞	生	吾	城	中
山	川	孕	育	秀	灵	钟
如	日	方	升	耀	无	穷
德	智	体	美	吾	校	宗
要	发	扬	兮	赖	吾	曹

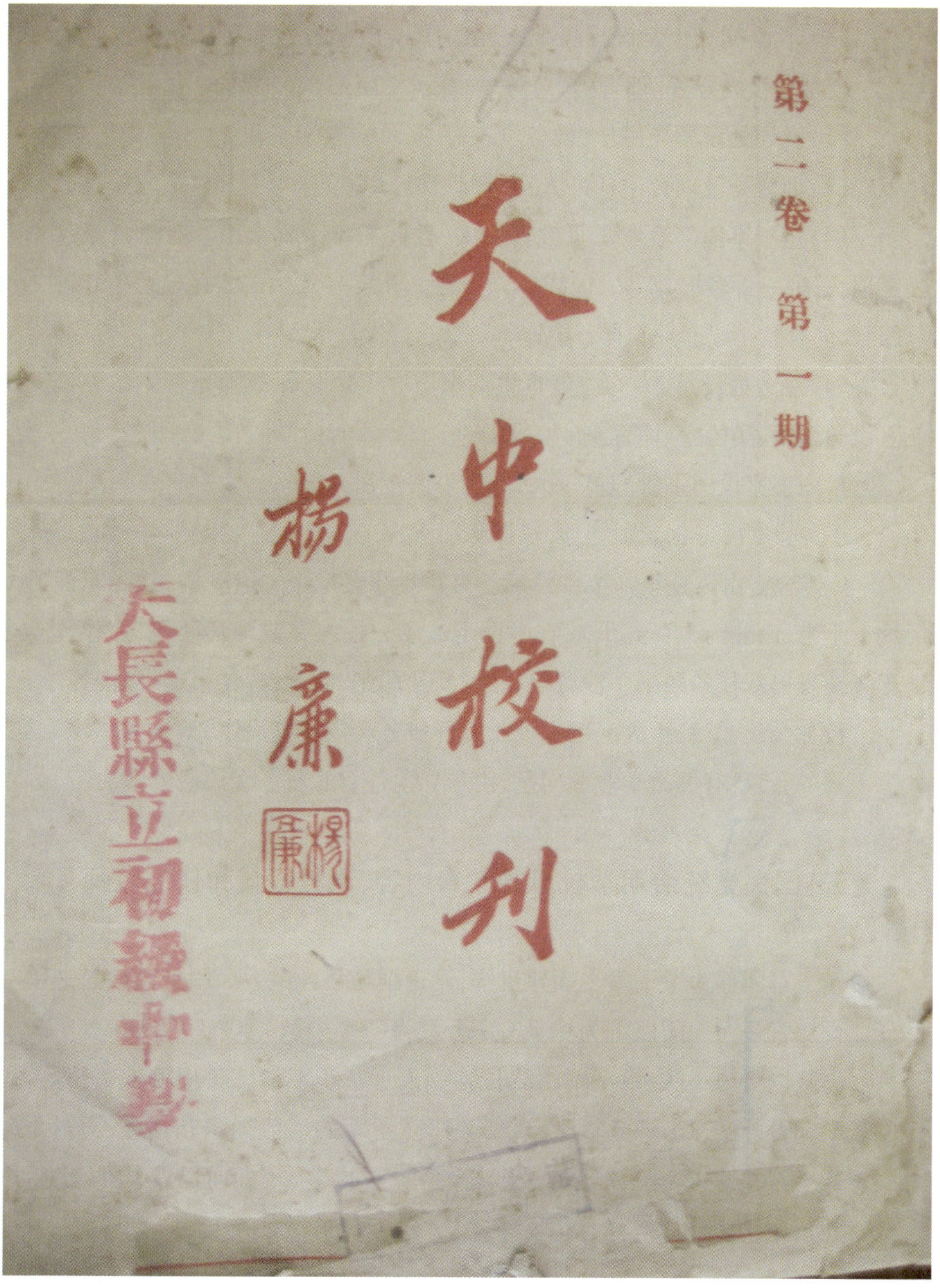
第二卷 第一期
天中校刊
楊廉
天長縣立初級中學

(四)国民党统治期学校各部门机构设置和工作人员

1. 天长县初级中学设校长一人,由国民党安徽省教育厅任命。

2. 学校设教导处、训育处、总务处、童子军团部。

(1)教导处设教导主任、教务员各一人,负责教学工作。

(2)训育处设训育主任一人,负责政治思想工作。

(3)童子军团部设童子军教官一人,教授初步军事常识。有露营帐篷三顶,军棍一百多根,水壶、饭袋各三十副。大鼓一个,小鼓四个,大小号各四只,尚有箫笛、胡琴、口琴、语旗等。

(4)总务处设总务一人,负责生活事宜。多由任课教师兼任。教导处下设图书馆、实验室、体育室。

A 图书室设图书管理员一人,有图书两千册。

B 实验室由理化老师管理,仪器陈旧。

C 体育室由体育教师负责管理。有乒乓球桌三张。运动场一块(东西约七十米,南北约一百五十米),中设足球场。校内有篮球场两块,兼作排球场。有单双杠各两副。沙坑一块,调高架两副,尚有铁饼、铅球、标枪等。

校务会议:学校重大问题由校长召开校务会议研究决定。

教务会议:有关教学业务问题,由教导主任召开教务会议研究解决。

(五)国民党统治期学校思想教育内容、课程设置和任课教师

童子军团部为童子军之领导机构,设正副团长各一人。团长由校长兼任。设教官一人。团以下为中队(一个班为一个中队),设正副队长各一人。中队以下为小队,设正副小队长各一人。童子军训练每周两次,分课堂教学和野外实习。课堂教学,讲解关于童子军的一般知识和任务;野外实习即练习扎营、搭帐、炊事、瞭望、打旗语、观星象、辨方向以及救护、急救、消防、斥候、架桥、搭台、结绳等。

1. 课程设置(十八门课)

国文、代数、几何、物理、化学、英文、中国历史、中国地理、动物、植物、生理卫生、音乐、美术、工艺、体育、童子军、三民主义、公民。

2. 任课教师

一九二八年——一九二九年

姓名	学历	所任课程	备注
宣啸秋	前清拔贡	公民	校长
孙晓村	上海交大毕业	国文、几何、物理、化学	
许　人	上海约翰大学毕业	英文、植物、动物	
陈鸿晋	上海交大毕业	国文、历史、地理、生理卫生	
陈培之	北京大学毕业	国文、历史、地理	
宣锦春	凤阳师范毕业	代数	
周静廊	上海东亚体专毕业	体育	
宣大藩	苏州中山体专毕业	体育、童子军	
魏相如	上海艺专毕业	音乐、美术、工艺	
黄　平		英文、代数、几何	兼总务
邵子莲		历史、地理、三民主义	童训教官

一九三〇年——一九三一年

姓名	学历	所任课程	备注
杨　琨	××大学毕业	代数、几何	
郁国城	东吴大学毕业	物理、三角、几何	一九三一年春任校长
王良才	大厦大学毕业	国文	一九三二年春任校长
邵涤非	上海持志大学毕业	国文	任教导主任
张　记	××大学毕业	英文、三角、代数	
叶渍臣		国文、历史	
张　楼		英文、几何、物理	
范××		国文、历史、地理	
范　妻		生理卫生、音乐	

一九三三年——九三六年

姓名	学历	所任课程	备注
宣啸秋	前清拔贡		校长
邵涤非	上海持志大学毕业	公民、语文	教导主任
蔡健全	南京中央大学毕业	语文	
周怀宾	武汉大学毕业		
蔡××		英文、数学、地理	
宣大藩	中山体专毕业	体育、童训	
宣谛之	金陵大学毕业	语文	
宣锦春	凤阳师范毕业	代数	
魏相如	艺专毕业	国文、美术	兼总务
邵××			
俞××		几何、三角	
江××		地理	
张　时		体育、音乐	
邓白榆		化学	
张宗凯		体育、音乐	
石雁秋	安大教育系毕业	地理	
江老师		英文	
宣筱谱		数学	
王良才	大厦大学毕业	国文、数学	
陈庆南		卫生	校医

一九三七年——九三八年上半年

姓名	学历	所任课程	备注
宣啸秋	前清拔贡		校长
邵涤非	持志大学毕业	公民	教导主任
宣浩平	上海法政大学毕业	国文	曾任沈阳市人民法院院长
魏相如	艺专毕业	美术	兼总务
薛冠英		国文	又名薛博鸿

续表

姓名	学历	所任课程	备注
汪家政	南京中央大学教育系毕业		
王　谟			又名王显文
王良才	大厦大学毕业	国文、数学	
陈培之	北京大学毕业	国文	
宣锦春	凤阳师范毕业	代数	

一九四六年春—一九四六年七月

姓名	学历	所任课程	备注
高景平			校长
王良才	大厦大学毕业	语文、数学	副校长
庞斗华			教导主任
崇　沁			副教导主任
林德民			总务主任
施孟洁	凤阳师范毕业	语文	
石雁秋	安徽教育系毕业	历史、地理	
钟石川		语文	
李　飞		语文	
袁　香		数学	
何　岚		数学	
李老师		生物	
张　雁			
宣大藩	体专毕业	体育	
嵇永芝			兼会计

一九四六年九月——一九四七年

姓名	学历	所任课程	备注
刘广灏			校长
丁子良			教导主任
邵子俊		军训	教官
崇欲之		美术	总务主任
陈培之	北大毕业	语文	
俞老师			
石梓斋		语文、历史	
宣法曾			
董味存			
王建平			
钱鸿益			
曹小亭			
俞　达			
宣国仪			女生生活指导
××			录事
陈　钧			事务员
刘雨生			事务员
施小云			事务员

(六)国民党统治期学校一天学习、活动时间安排

早晨六时起身,集合点名,行升旗礼(国民党国旗),早操、早读。七时早饭。上午四节课,每节五十分钟。十二点中饭。下午三节课,下午五时课外活动,六时集合,行落旗礼后放学。走读生整队出校。住读生晚餐。晚七时到九时为晚自习。九时十分就寝,九时二十分值日教师查寝点名。

(七)天长中学早期学杂费金额(约数)和教师工资

学费	伍至陆元
杂费	壹元
损失赔偿费	伍角
书籍簿本费	不详
膳食费	伍至陆元
教师月工资	五十至一百元不等
从外地特聘的教师工资	一百元

(八)一九四九年——一九八四年天长中学课程设置和任课教师

表一 一九五一年——一九五二年炳辉初级中学课程设置

教时 年级 / 科目	一	二	三
政治	2	2	2
语文	7	7	7
数学	4	5	5
化学		4	
物理			4
历史	3	3	3
地理	2	2	2
英语	3	3	3
生物	4	1	
体育	2	2	2
美术	1	1	1
音乐	1	1	1

表二 一九五六年——一九五七年度初中授课时数表

教时 年级 科目	初中					
	一年级		二年级		三年级	
	上	下	上	下	上	下
汉语	3	3	3	3	2	2
文学	6	6	6	6	5	5
算术	6	6				
代数			4	4	3	3
几何			2	2	3	3
中国历史	3	3	3	3		
世界历史					3	3
政治常识					2	2
自然地理	3	3				
世界地理			2	3		
中国地理					3	2
植物	2	2	2			
动物				3	2	2
卫生常识	1	1				
物理			3	2	2	2
化学					2	3
体育	2	2	2	2	2	2
音乐	1	1	1	1		
图画	1	1	1	1	1	1
工农业基础知识					2	2
实习	2	2	2	2	1	1

表三　一九六〇年——九六一年度教学计划表

教时 年级 科目	初中			高中		
	一	二	三	一	二	三
政治	2	2	2	2	2	2
语文	7	7	7	5	5	5
俄语				4	4	4
代数	6	3	3	3	3/2	2/3
平面几何		2	2	2		
立体几何						3
三角					3	
物理		2	3	2	3	5
化学			3	2	3/2	2/3
植物	2					
动物		2				
生物学				3		
历史	2	2	2	3	0/3	3/0
地理	2	2			1	
体育	2	2	2	2	2	2
音乐	1	1	1			
图画	1	1	1			
每周教学总时数	25	26	26	28	26/27	28/27
劳动	城内初中一二年级每周劳动6～8小时，农村初中一二年级农忙集中劳动4周，平时分散劳动每周2～3时；初三及高中各年级全体集中劳动一个月，平时分散劳动每周3～5小时。					

表四　一九七一年教学计划表

教时 年级 科目	初中			高中		
	一	二	三	一	二	
天天读	6	6	6	6	6	
政治	4	4	4	4	4	
语文	6	6	6	6	6	
数学	6	6	6	6	6	
工业基础知识	3	4	4	4	4	
农业基础知识		2	2	2	2	
外语(英语)	3	3	3	3	3	
军体	2	2	2	2	2	
革命文艺	2	1	1	1	1	
每周上课总时数	26	28	28	28	28	

表五　一九七七年课程设置计划

教时 年级 科目	初中					高中			
	一	二	三	全年上课总时数	百分比	一	二	全年上课总时数	百分比
政治	3	3	3	297	10.71	3	3	198	10.34
语文	6	6	6	594	21.42	6	6	396	20.69
数学	6	6	5	561	20.2	5	5	330	17.24
物理		3	3	198	7.14	4	3	231	12.07
化学			3	99	3.57	2	3	165	8.62
历史		2		66	2.38	2		66	3.45
地理	2		2	132	4.76				
外语	3	3	3	297	10.71	3	3	198	10.34
农基	2			66	2.38		2	66	3.45
体育	2	2	2	198	7.14	2	2	132	6.89
美术	1	1		66	2.38				

续表

教时 年级 科目	初中					高中			
	一	二	三	全年上课总时数	百分比	一	二	全年上课总时数	百分比
音乐	1	1	1	99	3.57	1	1	66	3.45
校会或班会	1	1	1	99	3.57	1	1	66	3.45
每周上课时数	27	28	29	2772		29	29	1914	
学科数	9	9	9			9	9		

表六　一九八一年全日制中学教学计划试行草案的修订意见

教时 年级 科目	初中			高中			上课总时数
	一	二	三	一	二	三	
政治	2	2	2	2	2		320
语文	6	6	6	5	4		872
数学	5	6	6	6	6		926
外语	5	5	5	4	5		768
物理		2	3	4	5		432
化学			3	3	4		304
历史	3	2		3			266
地理	3	2		2			234
生物	2	2		2			192
生理卫生			2				64
体育	2	2	2	2	2		320
音乐	1	1	1				100
美术	1	1	1				100
劳动　技术	两周			两周			432
每周上课总时数	30	31	31	31	30		4898

表七 一九八一年全日制六年制重点中学教学计划(试行草案)

教时＼年级 科目	初中			高中			上课总时数
	一	二	三	一	二	三	
政治	2	2	2	2	2	2	384
语文	6	6	6	5	4	4	1000
数学	5	6	6	5	5	5	1026
外语	5	5	5	5	5	4	932
物理		2	3	4	3	4	500
化学			3	3	3	3	372
历史	3	2		3			266
地理	3	2			2		234
生物	2	2				2	192
生理卫生			2				64
体育	2	2	2	2	2	2	384
音乐	1	1	1				100
美术	1	1	1				100
每周必修课上课时数	30	31	31	29	26	26	5554
选修课					4	4	240
劳动技术	两周(注)			四周(注)			576
备注	劳动技术课,初中每天按四节,高中按六节计算						

表八 一九四九年—一九五一年天长中学教职工一览表

姓名	所任课程	备注			
许采文		县长兼校长			
耿基		教导主任			
陈勃	地理	代教导主任			
孙亮		团委书记			
顾克栻	数、英、体				

续表

姓名	所任课程	备注			
苏顺华	语文、植物				
王泽运	数、英				
刁人杏	音乐				
刘继鑫	物理				
周莲堂	语文				
石梓斋	史、地				
范恒		总务负责人			

表九　一九五二年——一九五六年天长中学教职工一览表

姓名	所任课程	备注	姓名	所任课程	备注
许采文		县长兼校长	余其善	地理	
方碧溪		县长兼校长	赵汉卿	地理	
葛健		校长	马存圣	数学	
耿基		教导主任	顾克栻	数学	
张世农	政治	团委书记	吕志璋	数学	
贺彩梅	政治	团委书记	完速礼	数学	
董树友	政治	团委书记	速家骥	数学	
苏顺华	政、生	教导主任	邹宗尧	数学	
宣啸秋	语文		张大岑	物理、化学	
董伯和	语文		哲光	物理	
王子宜	语文		田培德	生物	
吴拓	语文	教导主任	张含元	植物	
戴育仁	语文		宋业聪	体育	
宣闳	语文		李荣	音、美	
曹松生	语文		杨达白	校医	
盛××	语文		周明	副校长	
闵诫之	语文		崇锡嘏	教务员	
许会文	语文		姚九洲	团委书记	

续表

姓名	所任课程	备注	姓名	所任课程	备注
汤国春	语、地		何克俭	团委书记	
明子溪	语文	代教导	姜仁捷	会计	
杨服奇	语文		陈叔	会计	
蒋子渊	语文		陈连之	总务	
徐伯言	英语		贺钟华	总务	
石梓斋	历、地		吴治平	事务员	
王世琨	地理		闵隆基	职工	
王崇义	历史		顾庆佳	职工	
顾正才		职工			
翟守友		职工			
任长林		职工			
钱学义		职工			
叶寿年		职工			
王兴发		职工			
王		职工			
王永生		职工			
陈德明		职工			
瞿素英		职工			
丘步喜		职工			

表十　一九五七—一九六五年天长中学教职员工一览表

姓名	所任课程	备注	姓名	所任课程	备注
葛健		校长	乐子林	语文	
李仲辉	政治		王宗尧	语文	
吴拓		教导主任	查灿云	语、政	
韦陶之	语文	代教导	吕兆元	语文	
顾克栻	代数		王恭朋	语文	
明子溪	语文		何开府	语文	

续表

姓名	所任课程	备注	姓名	所任课程	备注
梁中		教务员	孙道远	语文	
刘广钰		总务主任	裔学成	语文	
张德俊		总务主任	肖齐福	语文	
尹克忠		总务主任	于康水	语文	
周一纯			李家桐	语文	
闵隆基			曹天锡	语文	
郑传江		团委书记	韦正国	语文	
冯兰荣			汤国春	语、地	
卞正金			苏大贵	政治	
魏国			田福钲	政治	
陈叔		主管会计	杨春荣	政治	
杨政		主管会计	吴明德	政治	
俞继信		伙食	许瑞林	政、美	
唐桂英	语文		潘世杰	政治	
汪克美	语文		郑锡荣	数学	
陶华东	语文		马九禄	数学	
王嗣瑾	语、政		邹宗尧	数学	
王吉久	语文		王醒	数学	
王正明	语文		朱冠军	数学	
王崇义	语、历		鲁传亘	数学	
李福奇	数学		张大岑	化学	
王秀珍	数学		唐宪	俄语	
张岚芬	数学		欧美娥	俄语	
魏鲁卿	数学		崇婷	俄语	
李廉	数学		霍世荣	历史	
张汝莉	数学		王振忠	历史	
董德芬	数学		胡善芳	历史	

续表

姓名	所任课程	备注	姓名	所任课程	备注
洪善群	数学		朱恒桥	地理	
潘浩民	数学		赵汉青	地理	
张经翠	数学		周宝琴	生物	
周玺如	数学		张绍兰	生物	
苏训文	俄语		孙效英	生物	
孙效武	俄语		舒祥祯	生、体	
孙昌国	物理		李小峰		
查镜龙	物理		王和贵	生、农	
汪世伦	物理		宋业聪	体育	
汪祖烈	物理		汪延堂	体育	
温开敬	物理		周斌	数学	
熊明恒	物理		李荣	音、美	
姚元禄	物理		葛彬尧	美术	
蔡逸	物理		李德馨	音乐	
吴广钧	化学		董光璧		校医
李品祥	化学		陈庆柏		
汪延中	化学		顾庆佳		职工
徐德才	化学		顾正才		
戎英	化、俄	一九八〇年调出	魏池珍		
祁德发		职工			
陈华东		职工			
陈锦荣		职工			
瞿守友		职工			
叶寿年		职工			
黄玉宏		职工			
任长林		职工			
高继文		职工			
张秀英		职工			
唐绍芳		职工			
李广声		职工			

表十一　一九六六年—一九七六年天长中学教职员工一览表

姓名	所任课程	备注	姓名	所任课程	备注
李仲辉	政治	校长	郭文兰	物理	团委副书记
马如昆		校长室秘书	梁中全		总务主任
顾克栻	代数	代教导	俞继信		伙食会计
韦陶之	语文	代教导	阙美珍		出纳会计
魏国		团委书记			
闵隆基		总务主任			
		一九七六年调出			
梁中		教务员			
姜仁捷		主管会计			
		一九七六年调出			
陶修德		校长			
		一九六六年底去职			
方诗明		校革会主任			
黄尧明		校革会主任			
		一九七五年调出			
王怀国		教改组长			
殷亚明		校革会主任			
陈永潮		校革会副主任			
章鼎鑫		校革会副主任			
潘世杰	政治	教改组长			
王显领	语文	教改副组长			
王嗣瑾	政治	教改副组长			
查灿云	语文	教改副组长			
颜万成		团委书记			
		一九七五年调出			
夏国柱		数学			
许瑞林	政治		徐怀祥	语文	

续表

姓名	所任课程	备注	姓名	所任课程	备注
阚玉茂	政治		董悟	语文	
		一九七五年调出	韦正国	语文	
陈世英	政治	一九七六年调出			
赵桂藩	政治		于康水	语文	
秦淑冰	政治		周玺如	数学	
汤国春	语、地		王醒	数学	
王崇义	语、史		洪善群	数学	
李加	语文		张经翠	数学	
裔学成	语文		李廉	数学	
李新宝	语文		张汝莉	数学	
沈素华	语文		李副奇	数学	
		一九七五年调出	苏训文	数学	
何开府	语文		潘浩明	数学	
赵树椿	语、史		冯素英	数学	
金宏逵	语文		汪榆	数学	
王志鹏	语文		张兆麟	数学	
贾传江	语文		谢永永	数学	
肖齐福	语文		刑剑杰	数学	
葛湘	语文		肖静	数学	
关淑荣	语文		董德芬	数学	
胡秋芬	语文		瞿远之	数学	
陆渍英	语文		王兰程	数学	
许功建	语文		夏桂芬	数学	
石华	语文		王顺香	数学	
张广惠	语文		金光星	数学	
刘羽华	数学		徐萍	生物	
李恩慈	英语	一九七三年调出	魏月娥	农基	

续表

姓名	所任课程	备注	姓名	所任课程	备注
王文学	英语	一九七六年调出	苏士干	音乐	
崇婷	英语		宋业聪	体育	
俞瀛菊	英语		舒祥祯	体育	
唐宪	英语		李炳娟	体育	
欧美娥	英语	一九七三年调出	陶炳生	体育	
徐德才	物、英		杨树桃	体育	
张大岑	物理	一九七五年调出	胡桂芬		图书管理员
蔡逸	物理		王国连		职员
汪祖烈	物理		陈庆柏		校医
史秉翰	物理		顾庆佳		职工
温开敬	物理	一九七四年三月调出	顾正才		职工
王兆明	物理		魏池珍		职工
徐金高	物理		祁德发		
陶开芹	物理				一九七八年调出
胡培林	物理		陈华东		职工
王福海	物理		陈锦荣		职工
吴广钧	化学		翟守友		职工
王世政	化学		叶寿年		职工
董秀如	化学		黄玉宏		职工
曹菊芳	化学		任长林		职工
郭铭	化学		高继文		职工
李品祥	化学		张秀英		职工
戎雅英	化学		徐寿元		职工
刘一鹏	地理				
张乐	地理				

表十二　一九七七—一九八四年天长中学教职员工一览表

姓名	所任课程	备注	姓名	所任课程	备注
许瑞林	政治	年级主任讲师级	程俊华	语文	
章鼎鑫	政治	党支部书记讲师级	陶毅	语文	
王嗣瑾	政治	副教导主任	查灿云	语、史	校长
		讲师级			讲师级
		一九七九年调出	关淑荣	语文	一九七八年调出
赵桂藩	政治	副校长	许春樵	语文	
		讲师级	李山林	语文	
陈世英	政治	教研组长	汤国春	语、地	教导主任
		讲师级			讲师级
陆萍	政治		何开府	语文	一九七八年调出
龚善章	政治				讲师级
秦淑冰	政治	一九八二年调出	曹松生	语文	一九八二年病故
瞿远之	政治	一九八四年调出	钱普明	语文	一九七九年调回上海
肖齐福	语文	教研组长	许功莲	语文	一九八三年调出
		讲师级	陈元胜	语文	一九八四年调出
裔学成	语文	教研组长	徐凤刚	语文	一九八二年调出
		讲师级	王志鹏	语文	一九八二年调出
陶华东	语文	一九八二年调出	石华	语文	一九七八年调出
赵树椿	语、历	一九八〇年调出	陆渍英	语文	
		讲师级	金宏逵	语文	一九七九年调出
黄开域	语文	讲师级	徐怀祥	语文	一九七九年调出
张甲兵	语文	讲师级	叶士斌	语文	一九八三年调出
高华	语文		王显领	语文	教改组长
张广惠	语文				一九七八年调出
胡秋芬	语文		葛湘	语文	一九七八年调出
董悟	语文		唐宪	英语	教研组长
来浩然	语文			年级主任	讲师级

续表

姓名	所任课程	备注	姓名	所任课程	备注
纪页之	英语		王兰程	数学	
崇婷	英语	教研组长	薛屏玉	数学	
周元菊	英语	副教研组长	何巧先	数学	
林毅	英语		王顺香	数学	
王韵	英语		孙家贵	数学	
彭卫东	英语	副校长	管宏	数学	
陈	英语		夏国柱	数学	团委书记
彭淑之	英语				一九八四年调出
徐佩珠	英语		夏桂芬	数学	一九八二年调出
余瀛菊	英语		肖静	数学	物理试验员
吴建元	英语	一九八三年调出	周玺如	数学	一九七八调出
凌慧卿	英语	一九八四年调出			讲师级
林毅	英语		戚继平	数学	一九八一年调出
顾克栻	数学	副校长、督导	刑剑杰	数学	一九八二年调出
		讲师级	许敦祥	数学	一九八三年调出
张兆麟	数学	教研组长	李廉	数学	一九七八年调出
		讲师级			讲师级
潘浩明	数学	教研组长	张汝莉	数学	一九七八年调出
		年级主任	陈昌富	数学	一九八二年调出
		讲师级	夏晓明	物理	一九八三年调出
谢永永	数学	副教研组长	张云生	物理	教研组长
		讲师级			讲师级
冯素英	数学		王金华	物理	讲师级
周超贤	数学		徐金高	物理	副教导主任
刘明宇	数学				讲师级
董德芬	数学		郁宗平	物理	
汪榆			袁振衡	物理	

续表

姓名	所任课程	备注	姓名	所任课程	备注
马利民	物理		徐萍	生物	讲师级
郭文兰	物理	校长室主任	王海鹏	生物	
陶开芹	物理		李玲	生物	
王福海	物理	副总务主任	张齐华	卫生	
高光明	物理		魏月娥	生物	一九八〇年调出
王九玉	物理		张乐	地理	一九八一年调出
张爱琴	物理	物理试验员			讲师级
汪少伟	物理	电教室管理员	唐沛林	地理	
史秉翰	物理	一九八二年调出	刘一鹏	地理	
王兆明	物理	一九八一年调出	汤泉	地理	
胡培林	物理	一九七八年调出	徐勇	地理	
邵梅生	化学	教研组长	杨服奇	历史	教研组长
		讲师级			讲师级
徐国光	化学	年级主任	朱元林	历史	
		讲师级	王钧	历史	讲师级
董秀如	化学	教研组长	汪海泉	历史	一九八三年调出
		化学试验员	宋业聪	体育	教研组长
		讲师级		一九八二年转离休	一九七九年退休
徐德才	化学	化学试验员	杨树桃	体育	教研组长
崔宝云	化学	某年调出	张校威	体育	
郑训祥	化学		朱凤琴	体育	
郭铭	化学		陶炳生	体育	总务主任
曹菊芳	化学		瞿智清	体育	团委书记
李炳娟	化学	一九七八年调出	曹天铭	体育	
戎雅英	化学	一九七九年调出	苏士干	音乐	一九八〇年调出
		讲师级	李培进	音乐	一九八二年调出

续表

姓名	所任课程	备注	姓名	所任课程	备注
王时政	化学		魏红心	音乐	一九八四年调出
周维彪	美术		魏素华		职工
胡桂芬		图书管理员	陈万方		职工
		一九七八年调出	陈锦荣		职工(退休)
梁中		教务组长	魏池珍		职工
		离休	庞家英		职工
潘洁民		教务长	杨建华		职工
阙梅珍		出纳会计	任长林		职工(退休)
陈叔		主管会计(退休)	陈庆柏		校医(病故)
潘泽民		主管会计(离休)	高继文		职工(病故)
李训奇		主管会计	宋晓妹		职工
梁中全		总务主任	林健		职工
		一九八三年调出			已调出
王国连		职员	董永奎		校医
		一九八二年调出			
崇兰英		职工			
陈华东		职工			
陈华平		职工			
顾正才		职工(退休)			
顾庆佳		职工			
翟守友		职工			
叶寿年		职工			
黄玉宏		职工(退休)			
张秀英		职工			
秦莉		职工			
姜小平		职工			
顾学海		职工			

表十三 天长中学党政组织系统简表

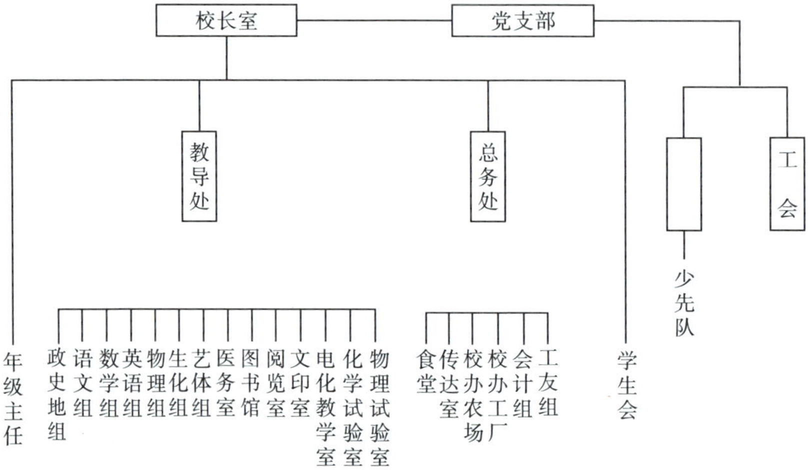

表十四 天长中学群众组织系统简表

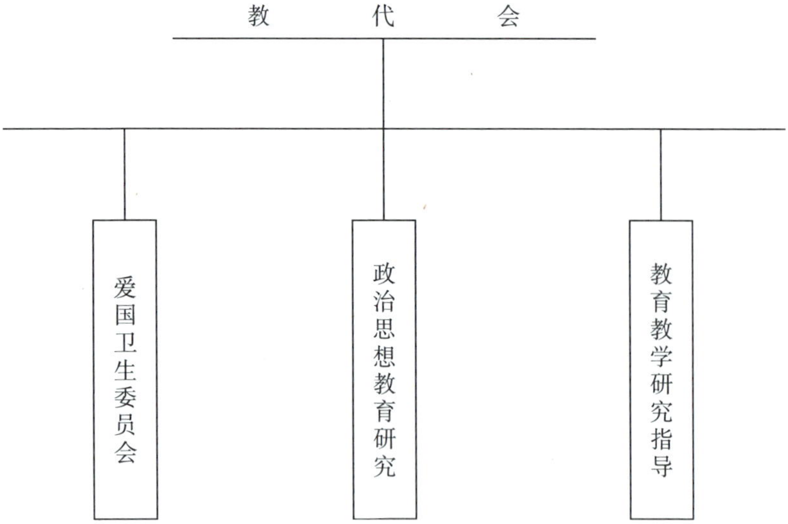

(九)天长中学体育工作

一、关于体育教学工作的计划和总结

自1954年至“十年动乱”期间有开展学校体育卫生工作的计划和总结大多散失。1954年学校第一学期体育工作总结,其主要内容为:普查一次学生的健康状况,开辟运动场,组织校内小型运动会。

1954年第二学期体育卫生工作计划主要内容为:贯彻学生守则,积极开展体育文娱活动,重点试行劳卫制预备班,举行各种球类、舞蹈竞赛。巩固与发展“黄继光锻炼小组”并在此基础上扩大至二甲班为本学期试行劳卫制预备班的重点班。整理与添置必要的运动器械,开辟一个2400方丈运动场。巩固男女篮球代表队,正常开展各种球类的班际竞赛。

严格执行卫生公约和诊疗制度。

二、天长中学建校以来之体育教师

周静斋(1928—1929)、宣大凡、张时、张宗凯(1933—1938)、邵子俊(兼军训教官1946—1947)、顾克栻(1950)、李轩(1951)宋业聪(1952—1979)、赵文忠(1960)、舒祥祯(1968—1973)、杨树桃(1971—1984)、周维彪(1972—1975)、陶炳生(1973—1978)、朱凤琴(1978—1984)、瞿智清、曹天铭(1977—1984)、张校威(1982—1984)

三、体育课

1. 每周两节体育课

2. 1964—1965年,进行体育成绩考核改革尝试,1980年试行同年级合班上课(男女分上)。因班级男女生人数不平衡和教师负担过重,此项改革未果。

四、群体活动

1. 自1952—1984年每天下午有一个小时的课外活动时间。1972—1977年间,因班级多、运动器材少、场地小,课外体育活动曾实行二部制。

2. 经常开展班级单项篮、排、乒乓球等球类和田径比赛活动;冬季则经常开展“象征性”长跑、踢毽子、跳绳、拔河等活动。

3. 早操。解放后至今，一向坚持集体做操。1972—1973 年曾以在校生及附近学校学生为主（特殊例外），没有操场，就在街道公路上跑，据当时统计，每天出勤率平均在 95%，成为滁县地区早锻炼最好的学校之一。

4. 课间操。1963 年上级提出“两课、两操”活动以来（1966—1970 年停顿），学校对体操队队形曾提出横竖成行、整齐划一的要求。

5. 1954 年学校以初二班为重点试行“劳卫制”预备班。1958 年推行“劳卫制”。全体师生全部通过，曾受到县领导表扬。1977 年实行国家体育《锻炼标准》以来，达标率逐年有所增长：1979 年达 36%，1980 年达 42%，1981 年达 59.3%，1982 年达 59.3%，1983 年达 83.2%，1984 年达 84.1%

6. 为推动学校体育活动开展，定期举行田径运动会。后因无场地一度中断。1971 年春又在县公园召开第二届运动会。1952 年到 1984 年（1978 年除外），每年召开一次，现已形成制度。至 1984 年，已开过 14 届田径运动会。（冬季越野赛自 1978—1984 已举行过 7 届，每届有 500 多名学生参加）。

7. 游泳活动。1964 年即开展游泳活动。1970 年秋，曾举行一次较大规模的有 200 多个男女生参加的“横渡白塔河活动”。运动员们穿上游泳服装，精神抖擞、步伐整齐地通过城里主街道，造成很大的声势。1974 年夏，又举行过一次游泳比赛。

8. 运动队。解放后，学校即建立了一些球类运动队。20 世纪 50 年代，学校男女生篮球队在县里比赛中一向名列前茅，曾获锦旗多面。1959 年春季举行“马拉松”长跑测验，参加测验的 12 人中，除 2 人未达终点外，其余 10 人成绩最好的是 3 小时 42.0 秒（占文华），全部通过国家三级等级运动员标准。此期间成立了击剑队。先后为省体工队输送运动员多名（翁一铨、傅清钱、王长顺等）。1973 年春为省手球队输送手球运动员一名（陈应芳，省手球队长）。1976 年为合肥体校输送新生两名（陈建梅、章世忠）。1978 年为淮南师专体育专业输送新生两名（王允峰等）。1982 年为北师大体育系输送新生一名（陈斌）。1983 年为安师大体育系输送新生三人（陈锦联等），为滁专体育专业输送新生二人。至 1984 年止，共为省体工队，大专院校、中专体育专业输送新生13人。

9.在省、地、县各项体育运动比赛中取得的成绩

(1)田径队：

历届县中学生运动会,除1980年外,年总分皆为第一。

1973年,陈应芳(女)在全国少年田径赛中,以9.3米的成绩破省少年铅球记录。

1982年,获地区田径赛团体总分第三名。

1984年(夏)获地区重点中学田径赛团体总分第三名。

1982年5月,何翠(女)在地区运动会上以12秒6的成绩破地区3000米记录。

1982年12月,叶家军在第六届中学生运动会上,以5.87米成绩破地区跳远记录。

1983年,柏正基在传统项目学校对抗赛中,以54.45米成绩破省少年铁饼记录。

1983年11月,曹光辉在中学生运动会上,以1.68米成绩破地区少年跳高纪录。

1984年8月,叶家东破地区少年铁饼记录。

1984年9月,钮以林在省第一届青少年运动会上以1.68米成绩破跳高纪录。

计自1973—1984年,有2人参加全国田径比赛。参加省球类比赛的20多人次,参加地区比赛达100多人次。

1983年12月,被列为“省田径传统项目学校”。

(2)乒乓球：

1972年获地区男子少年团体赛冠军,女团体赛第二名。

1974年获省女子少年业余体校团体赛第二名。

1975年获地区男子少年团体赛第一名。男子少年儿童团体赛第一名。女子少年儿童团体赛第二名。

1978年获省男子少年团体赛第六名。

四、运动场地、器材

解放后，学校坚持“勤俭办体育”的原则，师生自己动手，开辟运动场地，制作器材，以开展体育活动。利用校后湖场开辟了一个300米跑道的土场地。1970年以来，重开了一个250米跑道的小型运动场地，填平一段可以放置8副篮球架的护城河。在运动器材设备上注意修旧利废，前后修补了球网、乒乓球台、布垫、单双杠、跳高架、山羊、跳箱、打气筒及一些零星器材，共百多件。

目前有300米跑道运动场一块，单双杠8副，钢筋篮球架2副，水泥篮球架4副，及其他一些体操、田径器械。

五、聘请体育爱好者，解决师资不足困难

自新中国成立到1970年，只有一名专职体育教师。(1972年有专职体育教师4人，1973年6人，1983—1984年5人)开展多样性活动，一人力量不足，解决办法如下：

1. 在教职工中聘用一些有专长和爱好体育的为兼职教师。

1962—1965年，聘请物理教师蔡逸、化学教师李品祥等任乒乓球教练，数学教师洪善群任射击队教练。

2. 选拔学生中一些年龄较大的体育活动骨干分子做小教练。

(十)天长中学卫生工作

一、校医

杨述昌(1952—1957)、董光壁(1959—1961)、陈庆柏(1962—1980)、张齐华(保健教师,1977—1984)、董永奎(1984)

二、医务室工作

1977—1984年春,缺少校医,只有一个保健教师

1. 对学生的一般疾病进行治疗。如外伤包扎、打针、测量血压等。

2. 疾病预防:对疟疾、皮肤病以及结核病等,配合县防疫站进行药物、打针等防治工作。

3. 利用黑板报、广播、小字报等宣传工具,宣传基本卫生知识,如某些流行病的防治方法等。

4. 每年举行一次关于青春期注意事项的讲座。

5. 配合县计划生育办公室做好计划生育工作,如代发药品和卫生用具等。

6. 检查督促工作:视力每学期检查一次,体格(身高、体重、胸围、血压、五官、内科等)三年检查两次。1979年始,建立学生健康卡片。1962年始安排学生做眼保健操,并统计成绩。1966年停止做操。1972年复做眼保健操;1982年始,每天安排学生做两次眼保健操。

三、组织领导

1980年,建立校"爱国卫生委员会"组织,成员有校领导和教职工。

1. 订立爱国卫生公约。

2. 订立各种卫生制度,如食堂的卫生公约和管理制度,学生寝室管理制度、卫生室检查防治制度等。

（十一）人物志

一、宣啸秋

天长中学创办人宣啸秋先生的办学思想与时俱进。

1. 从孔孟之道到学以致用

宣啸秋先生系前清最后一科拔贡（宣统三年）。民国初年肄业于安徽省优级师范学校，一九二五年左右任天长县第一高级小学校长，一九二八年创办天长中学。

宣啸秋先生幼读诗书，精通国学。他的早期思想受孔孟之道影响颇深，在办学上比较偏于以伦理道德规范教育学生，以德才兼备、品学兼优为培养目标。

由辛亥革命、五四运动、大革命激起的新思潮几经回荡翻腾，逐渐波及古老偏僻的天长城。一些传播新思想之书刊、报纸亦辗转传来。宣啸秋先生平时喜阅书报，对富有时代气息之报刊更是视若珍宝。虽校务繁忙，亦必抽暇阅读，常于荧荧青灯之下，展卷注目，深夜不寐。宣啸秋先生最喜阅读者为《申报》《教育杂志》《小说月报》等报刊。《申报》对于当时国内外局势的报道，比较客观公允。《教育杂志》大抵介绍当时国内外之教育动态及杜威之教育思想。《小说月报》为"文学研究会"之机关刊物，登载现实主义和浪漫主义作品多。以上几个方面的结合，使宣啸秋先生的教育思想在潜移默化中逐步转而倾向于学以致用，因此对陶知行（后改为行知）深为敬佩。

陶行知先生留美回国，在南京创办晓庄师范，提出"生活教育"观点，例如强调体验生活，实行半工半读……这些实为杜威学以致用的教育思想的一种体现。当时金陵大学文学院院长刘廼敬先生亦具学以致用的教育思想，宣啸秋先生出于敬佩和请教的想法，常时与他在通信中研讨"生活教育"方面的问题，交谊颇深。由此可见，宣啸秋先生的教育思想是经过多种途径而逐步形成的。

"五卅"惨案发生后，宣啸秋先生从报纸上闻悉，深为激愤。一次，他教学生读古文时，选了《鲁仲连义不帝秦》这篇文章。他说："现在轰轰烈烈地反对英国帝国主义运动时选读这篇文章,很有意义。”在这里,他把战国时期的秦国和现代帝国主义相提并论,在认识上虽显得模糊,但反对恃强凌弱、称王称霸的思想观点,还是正确的。这也是他的民族意识在伟大的反帝斗争中的自然流露。

2. 由学以致用到活跃学生思想、倾向社会主义

宣啸秋先生对于当时高小毕业,无力到外地升入中学的学生越来越多而深感不安。他曾多次说过:一定要办一所初级中学,解决贫穷学生的就学问题。他凭自己的努力和声望,终于一九二八年办这样一所学校起来。那时,办学的主导思想,是活跃学生思想,使他们发奋向上。为此,从外地聘请来一些教师。外地教师中陈宏缙、孙晓村等人有明显的革命倾向性,他们的教学和活动受到宣校长的大力支持。学生中则展开阅读进步书报期刊活动并组织有目的有意义的讨论,从而在学校里出现了一种生气蓬勃的局面。

当时,宣啸秋校长曾看过一本《布尔什维克》(当时党的机关刊物),深受影响。后来,他曾对他的一位兄长和嫂嫂说及各自前途,肯定了社会主义方向,并说,今后是靠人不靠田,劝告他们把子女教育放在第一位,如有必要可以把田卖掉。

由于宣啸秋校长的思想能随着时代潮流前进,这种思想又支持了在校师生的进步活动。所以,在宣校长主持校务期间,学校师生的思想甚为活跃,促成了一次次进步学生运动。

结语:宣啸秋先生为天长中学前身天长县初级中学之创办人,省知名学人。他一生治学严谨,要求进步,拥护社会主义。在主持校务期间,大力支持师生的进步活动,培养了一批德才兼备的人才,其中有不少成为党的优秀干部。解放后,仍在学校任教。为省政协委员、天长县第一届人民代表、省文史馆馆员。于一九五六年退休安居扬州,一九七〇年病卒,终年七十岁。

二、梁明伦

天长中学校友——梁明伦同志为革命而英勇献身。

梁明伦同志系天长便益公社便东大队人,一九三四年秋进入天长中学

学习。他学习刻苦，思想进步，关心时事，喜阅进步书刊。当时孙晓村、陈宏缙（字廷奎）两位老师选购了一些马列主义书籍，放在图书室里，供学生阅读。梁明伦同志常去阅读，深受影响。一九三七年毕业。一九三九年参加了中国共产党，被推荐到抗日大学继续学习，毕业后即从事革命工作。那时，他才十九岁，是一个优秀的党员干部。

梁明伦同志敢于向旧的传统观念开战。他宣传无神论，大破封建迷信。清明时节他家做了供饭祭祀鬼神，他就把供奉的肴馔吃掉。

梁明伦同志担任过区委书记、县委书记。虽然做了官，但不脱离群众，不搞特殊化，生活艰苦朴素，态度平易近人。经常参加劳动。一次，他和爱人朱兆芬同志下田，跟农民一起插秧，滑倒在水里，滚了一身泥，大家叫他换衣服，他笑着说："湿一点怕什么？"继续插秧。

梁明伦同志经常参加武功队员打靶演习，常引来一群孩子围观。有一次他问旁观的孩子："你们长大了干什么？"有些孩子回答说："种田。"他听了笑着说："还要打鬼子，打国民党反动派，把这些坏家伙打跑了才能种好田。"

一九四六年秋，梁明伦同志奉行上级命令：带领干部北撤。途中突破敌人重重封锁，边战边撤，撤到三河北，胜利完成了战略转移任务。这时，我天高办事处领导李世农同志指示梁明伦同志带领县、区干部组成七十多人的武装工作队，插入敌人心脏地区，开展游击战争。武工队员夜渡三河，来到敌后大通区。武工队当即拟定了打掉敌后大通乡公所的计划。

那是一九四六年，古历七月二十四日的夜晚大约十点钟光景，黑乎乎的夜幕笼罩着大地，四周静悄悄的，蓝乌乌的天空里，一颗颗眨着眼睛的星星发出一丝丝微光，好似尽力地在为武工队员们照着前进的道路。这时，我武工队员在梁明伦同志的指挥下，分三路向乡公所逼近；一路迂回到乡公所的南面，卡住通往街里的巷口，以堵击敌人的援兵；另两路从北面迂回包围，乘敌人未关大门时进行袭击；南面的一路在逼近目标约 200 米，隐蔽在黄豆棵里监视敌人。这时敌人在哨岗里，正在贼头贼脑地探望着。一阵夜风吹得黄豆棵簌簌作响，敌哨心虚，随即开枪，关闭大门。里面敌人全都惊醒，疯狂地向外面发射火力，我武工队员立即还击。由于作为内应的敌保管(叛徒)不知去向,又加地形不利,不宜久战。梁明伦同志当机立断,命令撤退。撤到大通南面张洪营,讨论下一步行动计划。梁明伦同志主张向西迂回到小余山休整,待机出击。有人却要向东到大范庄一带活动。当时,大范庄一带接近敌人心脏,地形又开阔,不利游击战,这是一种冒险主张。讨论结果,兵分两路:一路由林青同志(当时地委公安局副局长)带领30多人向西迂回小余山,甩掉敌人五昼夜的盯梢,再越过三河,到达苏北根据地,后又组织第二批武工队南下;另一路,由梁明伦同志带队,向大范庄进发,到达三河西岸的陆庄,庄上有一富农老婆向敌甲长告密。敌大通乡公所和驻在杨村的敌联防队纠集了数百人的反动武装,疯狂地向陆庄猛扑过来。这时已是古历八月十五上午八时左右,梁明伦同志立即召开紧急会议,决定行动。同志们主张集中力量突围,暂时回到三河北或者东下,有人却主张把长枪埋起来,只带手枪,分散隐蔽,由于两种意见相持不下,讨论未有结果。这时有人乘着梁明伦同志到庄外侦查,把长枪一起撂到塘里。接着群众报信,敌人已逼近陆庄包抄上来,大家只好分散突围,梁明伦同志向东急走,跑到了小范庄,跳入藕塘,隐蔽在荷叶底下。敌人像一群疯狗号叫着扑来,胡乱搜索了两个多小时就夹着尾巴回去了。伪保长钱祥带着自卫队继续搜索。这时,已是暮色沉沉的黄昏时候,敌自卫队个个没精打采地耷拉着脑袋吃着晚饭,这正是突围的好时机。正在这时,庄上一富农老婆缪四娘子来藕塘淘米,发现塘里有人,淘米回来,顶头碰上敌保长钱祥,钱问:"塘里有人么?"缪四娘子便用手向塘里指了指,钱立即带人围塘。这时,梁明伦同志先发制人,手起一枪,打中钱之手臂,正当敌人慌乱之际,梁明伦同志立即向北突围,敌人紧追不舍。梁明伦同志奋力冲到了陆庄北面的土地墩,不幸臀部中弹,就地卧倒,看看枪膛里只剩下一颗子弹了。这时,敌人狂叫着扑上来。把梁明伦同志团团围住,并以高官厚禄做钓饵,多方诱降。梁明伦同志坚如磐石,临危不惧,静等着敌人的到来,敌人愈逼愈近,又做了最后一次诱降,这时,只听"叭"的一声枪响,梁明伦同志射出了最后一颗子弹,他,壮烈牺牲了。

第二部分

安徽省天长中学校史（1984—2018年）

天長中学

安徽省天长中学章程

序言

安徽省天长中学创办于1928年，1958年开始设立高中部，1979年被确立为滁县地区重点中学，1999年首批晋升为安徽省示范高中。2003年学校东迁至新校区，目前占地306亩，建筑面积4.5万平方米，投资1.23亿元，设有教学区、运动区、生活区、休闲区。学校现有教学班级66个，在校学生3400余人。2007年，经安徽省教育厅批准，与新加坡华盛教育中心联合举办国际班。

在职的200多名专任教师中，50%以上达到了研究生水平，70%具有中、高级教师职称，目前有正高级教师1名，特级教师4名，还有一批享有省市级优秀教师、学科带头人、骨干教师、教坛新星、模范教师和师德标兵等光荣称号的教师。

学校各种现代化的教学设施设备齐全，基本实现了教学现代化，标准的塑胶运动场，多媒体教室，学生食堂，学生公寓等教学区、运动区、生活区、休闲区硬件完备，浑然一体。

改革开放后，安徽省天长中学曾有3人在高考中获得省文科状元，各有1人分别获省文科第二名、第四名，3人分别获省理科第二、三、四名。新世纪以来高考本科升学人数逐年攀升，在滁州市同类学校中，高考成绩名列前茅。多年来，为国家输送了大量优秀建设人才。

安徽省天长中学先后荣获“安徽省现代教育技术实验学校”“体育卫生国防教育先进单位”“高中会考先进单位”“安徽省新课程实验样本校”“全国‘五讲四美、为人师表’活动先进集体”“全国青少年爱国主义读书教育活动示范学校”，连续多届被评为“安徽省文明单位”。学校还被多所全国“双一流”著名高校确立为优质生源基地。

第一章　总则

第一条　为贯彻落实党的十九大关于“优先发展教育事业”的精神，全面加强学校管理，依法治校，依法治教，保障学校依法自主管理，规范办学行为，保障学生与教职工合法权益，全面提高办学品质，实现内涵发展，真正做到立德树人。依据《中华人民共和国教育法》《中华人民共和国教师法》等法律法规和上级教育主管部门的各项政策，制定本章程。

第二条　本校全称安徽省天长中学，英文名 Anhui tianchang middle school。校址为安徽省天长市天康大道22号，邮政编码为239300，电话为0550-7093300，网址为http://www.ahtczx.com。

第三条　学校性质为全民所有制事业单位、省示范性普通高中。本校由天长市人民政府举办，为实施3年制（高中）教育的全日制公办教育机构，具有法人资格，独立承担民事责任。

第四条　学校面向天长市招生，招生对象为符合招生政策的应届初三毕业生。学校根据《中华人民共和国教育法》规定，实施高中阶段三年的基础教育。

第五条　学校的办学理念：注重发展教真人，开发潜能育全才。

第六条　校训：诚——诚实、诚信，勤——勤劳、勤奋，睦——和睦、睦群，任——责任、肩任，新——创新、肇新。

校风：团结、奋进、创新。

教风：爱生、敬业、求精。

学风：博学、善思、笃行。

第七条　学校的办学目标：我们会不断创新，争创让社会满意、家长放心、学生向往的有特色的现代化一流学校。

第八条　学校按照依法治校、规范办学、自主发展的要求，每三年制订一个发展规划，并形成和健全自评机制，促进学校可持续发展。

第九条　学校建立健全法律顾问制度，聘请常年法律顾问，积极发挥法律顾问在学校处理法律事务工作中的作用。

第二章　学校的权利和义务

第十条　学校享有下列权利：

（一）依法按照学校章程自主管理。

（二）组织实施教育教学活动。

（三）招收学生，对学生进行学籍管理，实施奖励或处分。

（四）给学生颁发相应的学业证书、证明。

（五）聘任教师及职工，实施奖励或处罚。

（六）管理、使用本校的设施和经费。

（七）拒绝任何组织或个人对教育教学的非法干涉，依法维护学校的合法权益不受侵犯。

（八）法律、法规规定的其他权利。

第十一条　学校履行下列义务：

（一）遵守法律、法规和政策。

（二）遵守学校章程。按规定建立健全各项规章制度，实施依法治校，严格执行规章制度。

（三）贯彻国家的教育方针，执行国家规定的教育教学标准，保证教育教学质量。

（四）维护学生、教师以及其他职工的合法权益。

（五）以适当的方式为学生及其监护人了解学生的成长情况提供便利。

（六）学校严格执行收费政策，规范收费行为，按照有关部门核定的项目和标准收费，公开收费项目。

（七）依法接受学生家长、社会、政府综合部门及教育主管部门监督。

第三章　学校的组织机构与管理体制

第十二条　学校实行校长负责、党组织监督、教职工民主管理的管理体制。学校工作贯彻民主集中制原则，实行民主管理，科学决策。

第十三条　校长的权利：

（一）按校长负责制有关规定，行使对学校教育教学和行政管理的决策权和指挥权。

（二）根据学校工作需要，在核定的编制内，拟定内部组织机构，设置中层干部职数，明确中层干部岗位职责，加强管理，团结协调。

（三）根据政府有关部门以及教育行政部门规定，结合学校实际，制订学校内部劳动、人事管理和分配改革方案，按规定程序组织实施。

（四）按财务制度和教育行政部门的有关规定，管理、使用校舍设施和经费，维护学校合法权益。

（五）学校章程和教职工代表大会授予的其他职权。

（六）按规定履行国家和教育行政部门授予的其他职权。

第十四条　校长的义务：

（一）贯彻国家的教育方针、政策，遵守国家的法律和法规，坚持依法办校，全面主持学校各项工作。

（二）建立健全学校规章制度和各项管理措施，依照学校章程实施管理。

（三）拟定学校发展规划，提出学校改革和发展目标，经教职工代表大会通过后组织实施。

（四）规范学校管理，坚持民主集中制，定期向教职工代表大会报告学校工作，听取意见，接受评议，保障教职工的合法权益。

（五）负责师资队伍建设，制订师资队伍建设规划和培训计划，不断提高教师的职业道德水平、专业水平、创新素质和科研能力。

（六）树立为了每一个学生终生发展的理念，坚持育人为本、德育为先、能力为重、全面发展的思想，以学生为主体，教师为主导，实施素质教育，把德育、智育、体育、美育有机地统一在教育教学的各个环节中，促进学生全面发展。

（七）打造文明校园、平安校园、绿色校园、和谐校园，关心师生发展，改善办学条件。

（八）积极支持工会、共青团等组织工作，参与社区教育活动，努力促进学校教育、家庭教育、社会教育的协调一致，形成良好的育人环境。

第十五条　学校设副校长。副校长对校长负责，协助校长分管具体工作。

第十六条　学校建立由“校长室、各职能部门、教研组、年级组等机构”组成的管理网络，分别承担相应的管理职能，确保政令畅通、分工合作、条块结合、各司其职。

第十七条　学校按规定成立中国共产党委员会，充分发挥党组织的政治核心作用。党委应加强学校教职工的队伍建设和师德教育，加强对各类群众组织的领导，保证和监督学校的各项工作顺利进行。

第十八条　学校依照《中华人民共和国工会法》和《中国工会章程》建立工会组织，支持工会独立自主地开展工作，依法行使法律规定的权利和履行相关义务。

第十九条　学校通过民主程序设立教职工代表大会，作为学校民主管理的一个重要形式。学校工会作为教职工代表大会的工作机构，参与学校重大问题的决策，实施民主管理、民主监督，维护教职工的合法权益。学校建立共青团、学生会组织，保障学生的合法权益，调动学生主动参与、自主管理的积极性。

第二十条　学校建立校长办公会议和行政会议制度，决定学校日常行政事务及办学中的各项重大问题。会议由校长主持。

第二十一条　学校建立健全重大事项决策制度。学校重大事项应在党政主要负责人酝酿提议、充分调研与征求意见的基础上，由校长召集并主持校长办公会议审议，经集体讨论，由校长做出决定并组织实施。中国共产党学校基层组织发挥监督保障作用，凡属教职工代表大会职权范围的事项，应提交大会审议。

第二十二条　学校建立健全档案管理制度。学校建立档案室，加强档案资料的建设和管理。各职能部门做好各类资料的收集、整理和归档工作。学校建立校史馆，重视教育历史物证遗存保护，发掘和弘扬校本优秀文化传统。

第二十三条　学校依靠当地人民政府、社区、派出所共同开展校园及周边地区的综合治理工作。学校建立健全平安校园制度，制订校园安全应急预案，定期开展安全教育。组织安全演练，加强校舍、交通、消防、饮食卫生、健康、周边环境治安以及教育教学安全管理，防范安全事故发生。

第二十四条　学校筹建校友会组织，以发挥校友的宣传、桥梁、教育、助学、咨询等作用，促进学校发展。学校开展国际、校际互动合作，不断扩大对外交流，拓展教育视野，提升办学水平。

第四章　教育教学管理

第二十五条　学校以德育为核心，以教学为中心，依法建立健全各项规章制度，实施依法治校。

第二十六条　学校规范德育管理机制，建立由“分管校领导、政教处、年级主任、班主任”组成的管理网络。政教处是负责德育工作的主要职能部门。年级主任统筹年级的教育教学工作。班主任协调各科任老师，联系家长，落实各项教育计划。同时，建立“共青团、学生会、班委会”的学生自我管理网络。

第二十七条　学校坚持“人人都是德育工作者”的理念，倡导“师生发展、幸福共享”的价值观，加强德育队伍建设，开展各项关爱学生、研究学生、引领学生的活动。

第二十八条　学校密切联系家庭、社会，努力办好家长委员会。构建学校、家庭、社会为一体的德育工作网络，发挥社区教育作用，增强教育合力。

第二十九条　学校加强教学管理。建立由“分管校长、教导处、教科室、教研组”组成的管理网络。设置教研组长，组织教学研讨。教研组定期开展教研活动，落实教学、教科研计划，完成教学、教科研任务。

第三十条　学校使用全国通用的普通话和规范汉字，汉语言文字为学校的基本教学语言文字。

第三十一条　学校严格执行课程标准及课程计划，以课堂教学为工作核心，执行各科学习规范，积极提高课堂教学质量和效率。

第三十二条　学校依据社会需求及学校自身发展现状，遵循课程改革的原则，立足传统和优势，逐步推进学校课程建设，以满足学生的学习需求和特长发展。

第三十三条　学校积极倡导“科研兴校”，营建学习型学校。以校本研修为载体，将科研与学校德育、教学、队伍建设结合起来，确保学校教育教学行为与管理行为的科学性、合理性，有效推动学校整体发展。

第三十四条　学校积极改革评价制度，形成以学论教的评价体系，充分运用管理者评价、同行评价、学生评价等手段，通过考试、考察、实践等多种方式全面客观评价师生工作、学习行为。

第三十五条　学校努力构建“智慧校园”，进一步完善教育教学设施、设备，加强功能室建设，努力发挥现代教学设施、设备的使用效益，满足教育、教学和文化建设需要，满足师生自主发展需要。

第五章　学生的管理

第三十六条　学校按国家教育部颁布的规定管理学生学籍，健全学生档案管理制度。

第三十七条　学生享有法律法规规定的合法权益，同时也必须履行应尽的义务，遵守《中学生守则》，遵守学校各项规章制度。尊敬师长，友爱同学，养成良好的思想品德和行为规范。

第三十八条　学生应积极参加学校教育教学计划安排下的各项活动，使用学校提供的教育教学资源。

第三十九条　学校关注学生身心健康，培养学生良好的卫生习惯、健身习惯与基本的运动技能。学校设立心理咨询室、体能测试室，建立学生心理健康档案、健康档案，配备专职教师开展工作。

第四十条　学校对学生的综合素质实施客观评定，促进学生全面发展。学生完成规定学业后可获得相应的学业证书。

第四十一条　学校对取得优秀成绩的学生和在重大活动中表现突出的学生，根据学生奖励办法，予以表彰和鼓励。

第四十二条　对违反《中学生守则》和学校规章制度的学生予以相应的教育、批评和处分。

第四十三条　学校对符合入学条件而家庭经济困难的学生，通过多种方式提供资助。

第四十四条　学校支持学生自治，鼓励学生参与校园民主管理。学校建立学生会组织，实现学生自主管理，保障学生合法权益。 学生干部一般通过民主选举产生。

第六章　教职工的管理

第四十五条　学校执行国家教师资格制度，教师专业技术职务聘任制，实行教职工持证上岗。学校根据有关部门核定的编制数额、岗位数和岗位任职条件及教育行政部门、学校相关规定聘用教职工，对聘用人员实行岗位管理和绩效工资制度。教职工须履行聘约，服从分工。对于不能胜任现职工作的教职工，按相关法律、法规的规定，学校可以不聘或安排其他工作。

第四十六条　教师应享有《中华人民共和国教师法》及有关法律规定的权利，同时必须履行有关法律规定的义务。学校依法维护教职工的合法权益，关注教师发展，保障教职工享有国家政策规定的待遇。

第四十七条　教职工必须遵守各项法律、法规、规章制度和职业道德，自觉维护学校荣誉和利益。

第四十八条　教师应关心、爱护全体学生，尊重学生人格，促进学生在品德、智力、体质、心理等方面健康发展。

第四十九条　教师是履行教育教学职责的专业人员，应爱岗敬业、刻苦钻研，积极参加教育教学科研，认真执行学校教育教学和各项工作计划，完成教育教学和各项工作任务。

第五十条　学校坚持“师德为核心、业务为根本、发展为目标”的教师培养理念，建立学校建设和个人要求相结合的培养模式。学校支持、鼓励教职工参加各种方式的业务培训。

第五十一条　学校建立教职工档案。对教职工进行思想政治、业务水平、工作态度、工作成绩和职业道德考核。考核结果作为绩效奖惩、聘任、晋升的依据。

第五十二条　学校对有重大贡献的教职工，按程序报请上级有关部门给予表彰、奖励。对在工作中产生过失的教职工追究责任，予以相应处罚。

第七章 后勤管理

第五十三条 学校后勤部门坚持为教育教学服务、为师生服务原则，实行岗位责任制，规范工作流程，严肃工作纪律，强化服务意识，公开服务内容。

第五十四条 学校建立健全财产、物资管理制度，建立台账，落实专人管理，定期清点，及时做好变更、增减手续。

第五十五条 学校指派专人负责校舍、财产的管理和维护，充分发挥各项设施、设备的作用，提高其使用效益。同时，积极创造条件，更新教学设备，协助学校整体规划，有计划、有步骤、合理进行基本建设及其维护管理。

第五十六条 学校遵守上级有关部门的各项财务制度，加强财务管理。配备专业的会计人员，依法进行会计核算，建立健全内部会计监督制度，保证会计资料合法、真实、准确、完整。

第八章 学校办学的监督

第五十七条 学校党委对办学实行组织监督。

第五十八条 学校实行校务公开制度。校务公开的基本内容为：学校规划、教育教学改革方面的重大事项、学校领导干部任免、招生、基建、购物等重要事项，涉及教职工权益的重要事项，学校财务收支情况和教职工普遍关注的其他问题。

第五十九条 学校教职工代表大会对办学实行民主监督。对学校主要领导班子成员的学习、廉政、实绩等进行民主评议和考核。

第六十条　学校接受天长市人民政府教育督导室对学校办学的监督。

第六十一条　学校家长委员会和社会各界代表对办学实行社会监督。

第六十二条　学校接受审计机构的审计，接受上级主管部门的检查监督。

第九章　附　则

第六十三条　学校建立健全本章程统领下的学校规章制度体系。规章制度的立、改、废均依照民主程序进行。

第六十四条　本章程经学校教职工代表大会审议通过，报天长市教育体育局核准后生效。

第六十五条　本章程未尽事宜按照法律法规及上级规范性文件执行。如有抵触，以法律法规及上级规范性文件为准。

第六十六条　本章程具有下列情形之一时可进行修订：

（一）章程依据的教育法律、法规及教育政策发生变化。

（二）学校管理体制、发展目标发生变化。

本章程的修改需由 1/3 以上教职工代表大会代表提议方可进行，经教职工代表大会审议通过，报天长市教育体育局核准后即生效。

第六十七条　本章程由学校教职工代表大会负责解释。

现任领导

安徽省天长中学校史（1928—2018年）

天長中學

李山林　校长（左三）
赵可林　党委书记（右三）
洪兆鳌　副校长（左二）
魏旭东　副校长（右一）
张兆红　副校长（左一）
吴云飞　工会主席（右二）

天長中學

天中教育的春天——邓继敢书记天长中学考察纪实

2018年4月3日上午，春风和畅，阳光灿烂。

刚刚履职的中共天长市委书记邓继敢同志就率领市教育体育、土地、规建等部门的主要负责人亲临天长中学调研视察，指导工作。

踏进天长中学大门，邓书记看到矗立的综合大楼，称赞说，当时的市委市政府领导真有眼光，同济大学的设计也是一流，这么多年过去了，校园建筑一点也不显陈旧落后，还显得这么气派。

在繁忙的施工现场，邓书记询问了工程建设推进情况。李山林校长说，感谢市委市政府，为建设文明美丽的校园，迎接今年校庆90周年庆典，市政府立项900万元为天长中学所有道路铺建黑色化路面，并整体提升校园绿化层次。今年高考前，天中校园将会树木葱茏，绿草如茵，美丽如画。邓书记听了非常高兴。

路过校园东南角，邓书记问道："听说这一块是给天长中学建体育馆、图书馆、报告厅的，现在进展怎么样？"随行同志回答，方案报告已经递交了，现在问题是拆迁有些困难。土地已进入市储备中心。邓书记指示抓紧时间拆迁建设，尽快完成二期工程建设规划，让天长中学校园完整起来。

在说到学校的教学情况时，邓书记说，天中没学生外流，说明天中办学质量是很好的。做到这一点，老师非常关键，要研究新高考实施后教师余缺情况，增加编制。更多地走校园招聘的路子，把优秀教师招进来，培养好。

针对学校教学用房不足、设施短缺情况，邓书记说，要加大对教育的资金投入，该建的、该添的及时跟上。市里要在加快经济发展步伐，让市财政富裕起来的同时，设法解决学校没钱的问题，有钱了，学校建设的事就好办了。

在即将结束考察时，邓书记说，天长中学的情况概括起来就是四件事：工程，教师，拆迁，经费。简短的话语，体现了邓书记敏锐的洞察力和果断的工作作风。

把天长中学作为教育考察的第一站，体现了邓书记对天长中学的高度重视和殷切希望。针对天长中学发展过程中遇到的困难，邓书记更是记挂在心，多次做出表态和指示。这种以问题为导向、直面矛盾、雷厉风行、敢于担当的领导风范，深深感染了在场的所有同志。多年来积郁在天长中学所有教职工心中的阴霾也仿佛春风吹过一扫而空。

辉煌九十年，再踏新征程。我们有理由相信，有市委市政府领导的关怀关注，天长中学教育史上必将迎来又一个春光明媚，精神振奋的春天。

时任全国政协常委黄璜、卢荣景来我校视察

时任全国政协常委、原清华大学党委书记欧阳品，清华大学校长刘达来我校视察

时任中央电视台台长赵化勇来母校视察

时任省人大常委会副主任江泽慧来我校视察

时任省人大常委会副主任黄岳忠、市人大常委会副主任仲文耀来我校视察

时任省委常委、常务副省长任海深来我校视察

时任副省长杜宜瑾来我校视察

时任省委常委、组织部部长朱成林，滁州市委书记汪国才来我校视察

时任省人大常委会常委何成国来我校视察

时任省教育厅厅长陈贤忠来我校视察

时任中国科技大学校长朱清时院士来我校视察

时任安徽省计委副主任陈启涛来我校调研

时任省教育厅副厅长胡平平、滁州市副市长朱云霞、滁州市教育局局长张春林来我校视察

时任滁州市市长缪学刚，滁州市委常委、天长市委书记顾世平来我校视察

时任滁州市委常委、组织部部长袁华来我校视察

全国人大代表汤洪高率省人大代表来我校视察

时任滁州市教育局局长张勇来我校视察

时任市委副书记、代市长杨东坡来我校检查工作

时任副市长陆晓华来我校视察

著名作曲家、《茉莉花》曲创作者、天长籍名人何仿来我校考察

省人大常委会副主任文海英来我校视察

省教育厅总督学李明阳来我校视察

省教育厅关工委常务副主任郝运福来我校指导工作

滁州市委常委、纪委书记戴启远来我校视察

滁州市委常委、政法委书记黄秀生来我校检查普法工作

滁州市政协副主席、天长市委书记杨东坡来我校走访调研

滁州市政协副主席、天长市委书记金维加看望慰问老校长查灿云

滁州市政协副主席、天长市委书记金维加等领导到天长中学看望慰问教师

滁州市委教育工委书记沈中林等来我校指导工作

天长市市长朱大纲、市委副书记张道秀、市人大常委会副主任何儒来我校视察

天长市委副书记贺家平率队督查文明校园创建工作

天长市委常委、副市长陈厚兵来我校检查工作

天长市委常委、组织部长王莹来我校调研党建工作

天长市副市长周巧玲来校调研指导工作

天长市副市长周继安来校检查安全工作

领导题词

安徽省天长中学校史（1928—2018年）

安徽省副省长、著名书法家张凯帆为我校题写校名

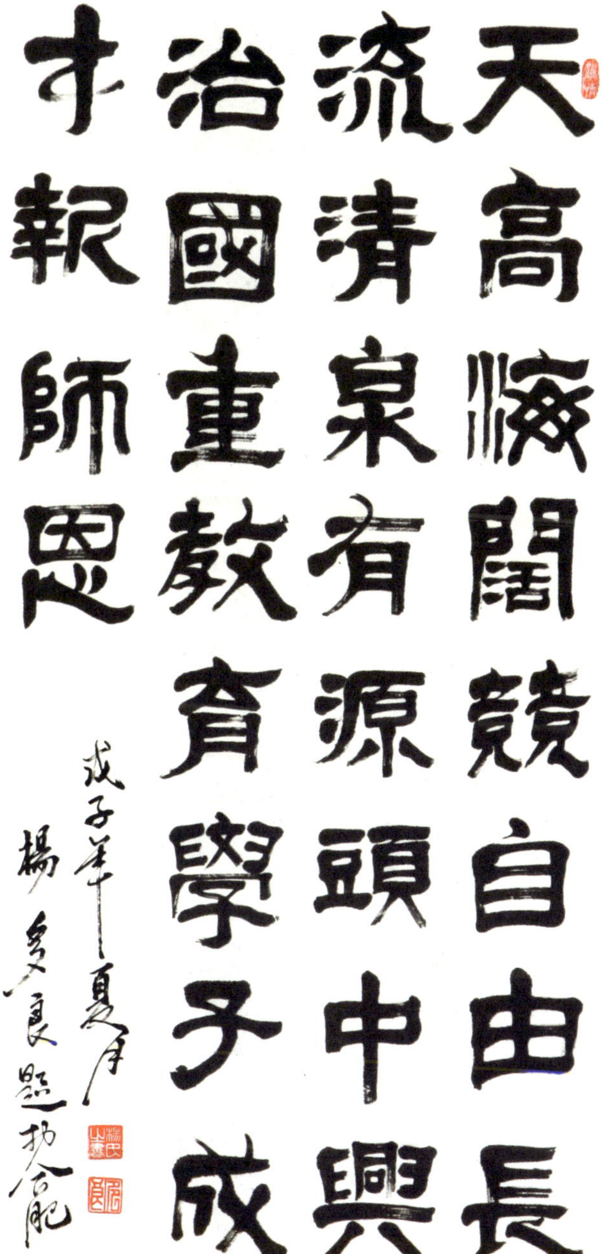

安徽省政协主席杨多良题词

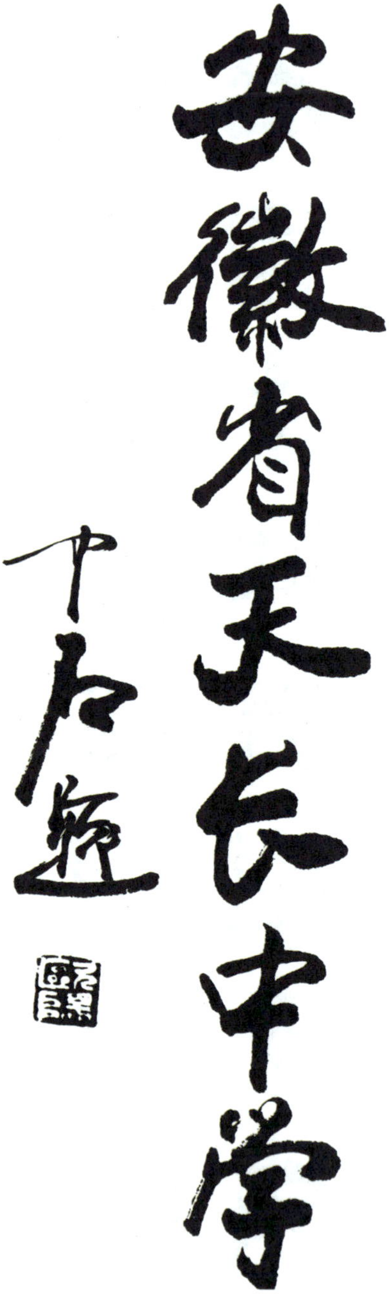

著名书法家欧阳中石为我校题写校名

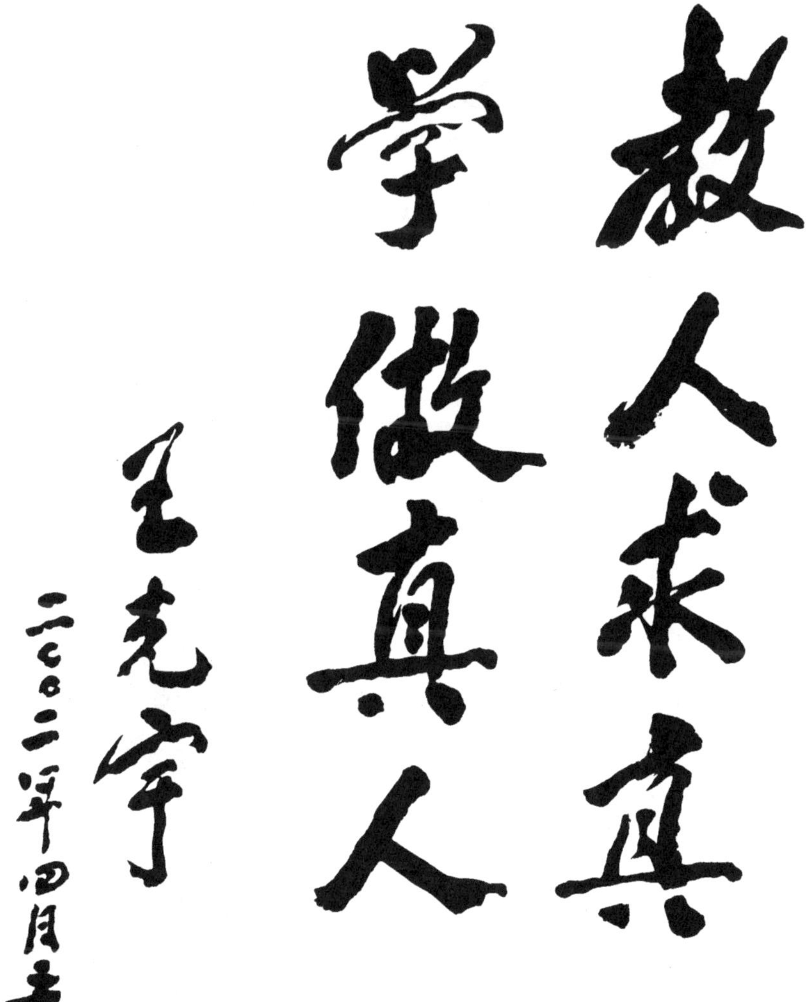

中共中央委员、原安徽省人大常委会主任王光宇题词

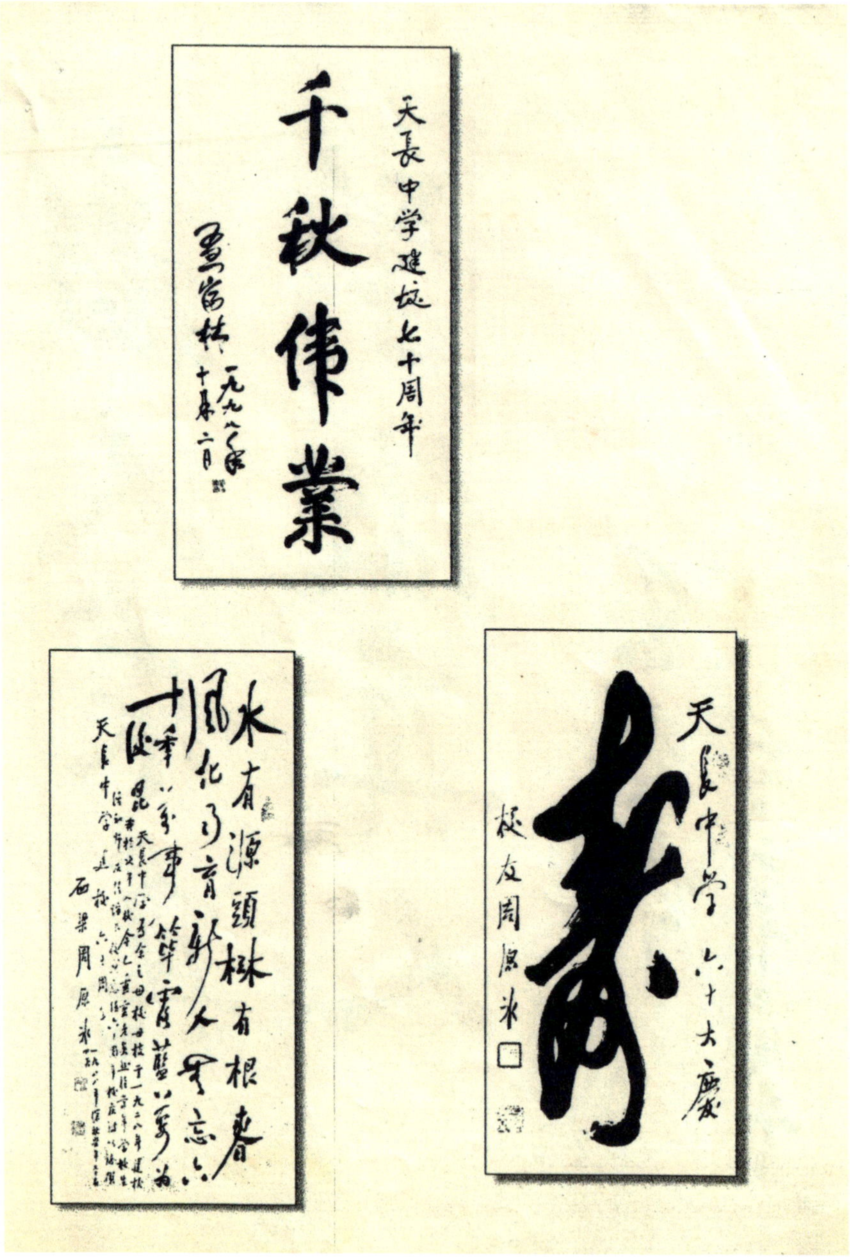

华东师范大学原副校长周原冰为母校天长中学建校六十周年题词；安徽省人大常委会主任孟富林为天长中学建校七十周年题词

祝贺安徽天长中学建校八十周年

育人为本
质量为先

北京大学 许智宏
200八年三月十九日

北京大学校长许智宏题词

贺天中校址搬迁

沈维骥

流水汤汤，书声琅琅，莘莘学子，桃李芬芳；
古城墙下，状元楼旁，切磋琢磨，鸟语花香；
园丁勤劳，粉染鬓霜，育我英才，铸我栋梁；
五湖四海，骥骋鹰扬，与时俱进，报国报乡；
校友咸集，共致吉祥，天中未来，更加辉煌！

沈维骥，1967届校友，曾任滁州市委常委、滁州市常务副市长、滁州市人大常委会副主任。

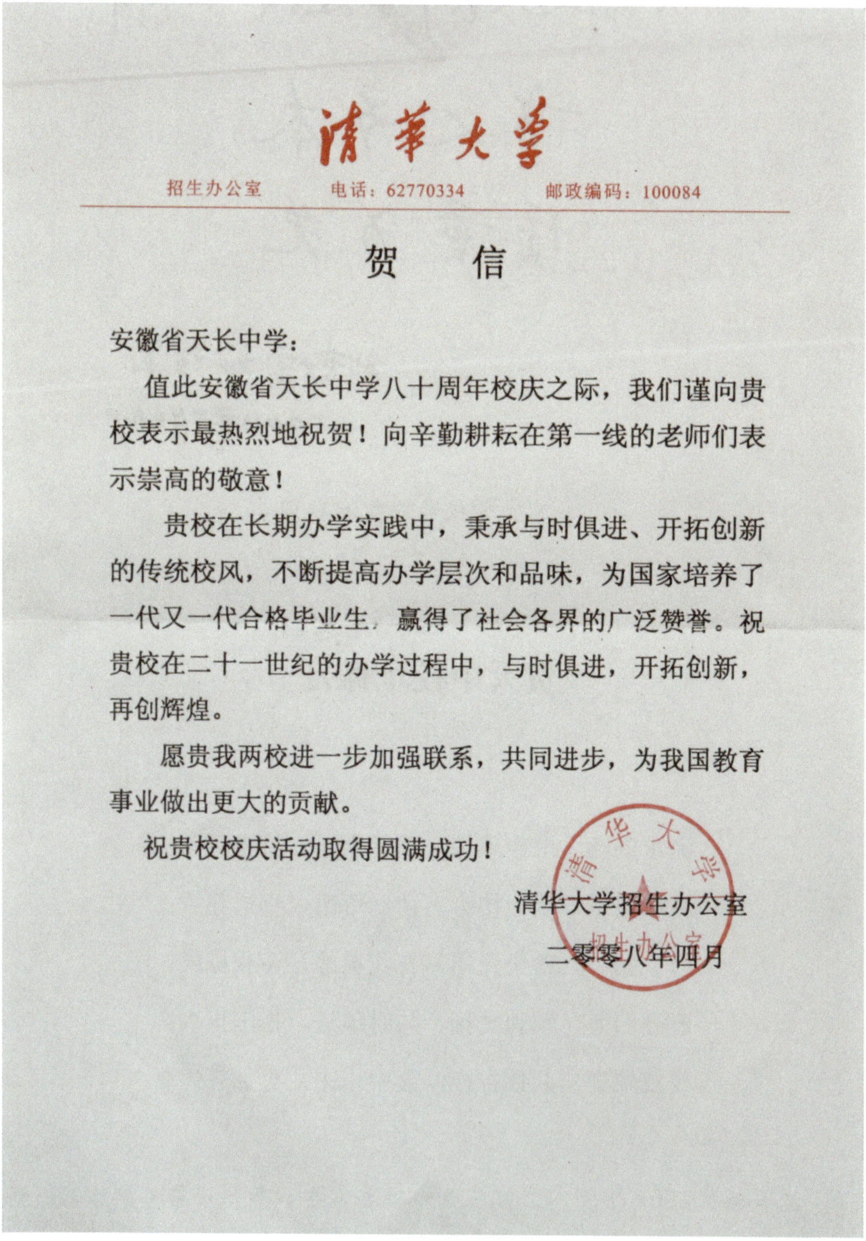

清華大學

招生办公室　电话：62770334　邮政编码：100084

贺　信

安徽省天长中学：

值此安徽省天长中学八十周年校庆之际，我们谨向贵校表示最热烈地祝贺！向辛勤耕耘在第一线的老师们表示崇高的敬意！

贵校在长期办学实践中，秉承与时俱进、开拓创新的传统校风，不断提高办学层次和品味，为国家培养了一代又一代合格毕业生，赢得了社会各界的广泛赞誉。祝贵校在二十一世纪的办学过程中，与时俱进，开拓创新，再创辉煌。

愿贵我两校进一步加强联系，共同进步，为我国教育事业做出更大的贡献。

祝贵校校庆活动取得圆满成功！

清华大学招生办公室

二零零八年四月

清华大学贺信

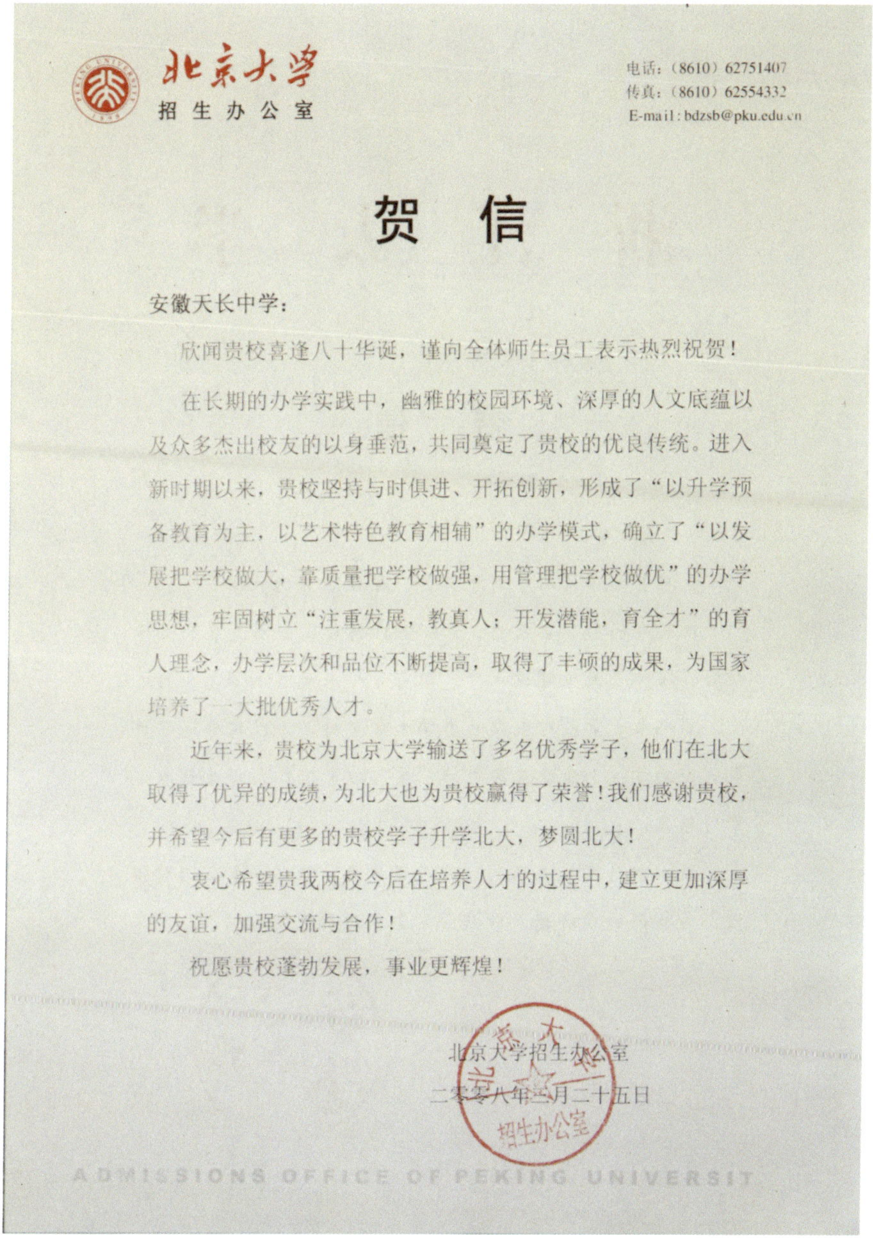

北京大学
招生办公室

电话：（8610）62751407
传真：（8610）62554332
E-mail：bdzsb@pku.edu.cn

贺信

安徽天长中学：

欣闻贵校喜逢八十华诞，谨向全体师生员工表示热烈祝贺！

在长期的办学实践中，幽雅的校园环境、深厚的人文底蕴以及众多杰出校友的以身垂范，共同奠定了贵校的优良传统。进入新时期以来，贵校坚持与时俱进、开拓创新，形成了“以升学预备教育为主，以艺术特色教育相辅”的办学模式，确立了“以发展把学校做大，靠质量把学校做强，用管理把学校做优”的办学思想，牢固树立“注重发展，教真人；开发潜能，育全才”的育人理念，办学层次和品位不断提高，取得了丰硕的成果，为国家培养了一大批优秀人才。

近年来，贵校为北京大学输送了多名优秀学子，他们在北大取得了优异的成绩，为北大也为贵校赢得了荣誉！我们感谢贵校，并希望今后有更多的贵校学子升学北大，梦圆北大！

衷心希望贵我两校今后在培养人才的过程中，建立更加深厚的友谊，加强交流与合作！

祝愿贵校蓬勃发展，事业更辉煌！

北京大学招生办公室

二零零八年三月二十五日

ADMISSIONS OFFICE OF PEKING UNIVERSIT

北京大学贺信

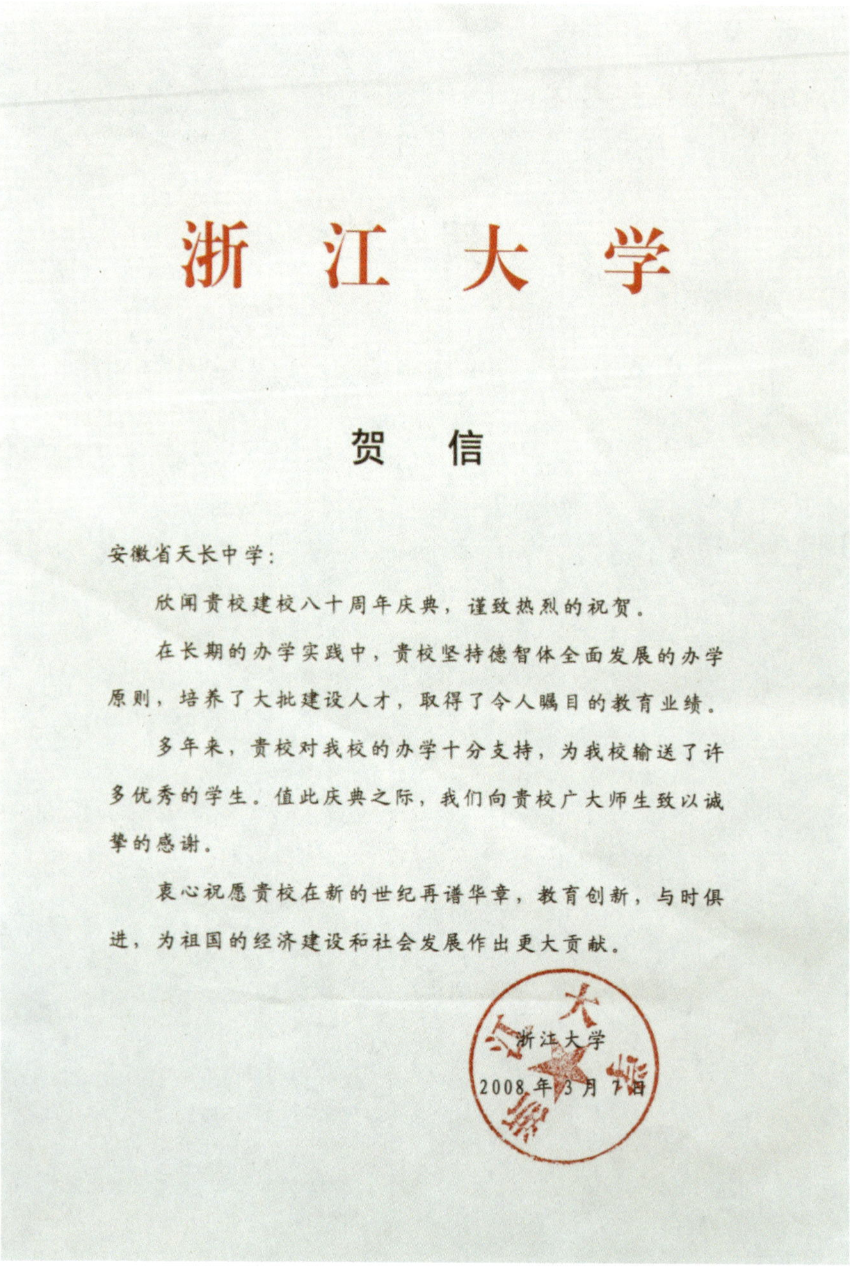

浙 江 大 学

贺 信

安徽省天长中学：

欣闻贵校建校八十周年庆典，谨致热烈的祝贺。

在长期的办学实践中，贵校坚持德智体全面发展的办学原则，培养了大批建设人才，取得了令人瞩目的教育业绩。

多年来，贵校对我校的办学十分支持，为我校输送了许多优秀的学生。值此庆典之际，我们向贵校广大师生致以诚挚的感谢。

衷心祝愿贵校在新的世纪再谱华章，教育创新，与时俱进，为祖国的经济建设和社会发展作出更大贡献。

浙江大学

2008年3月7日

浙江大学贺信

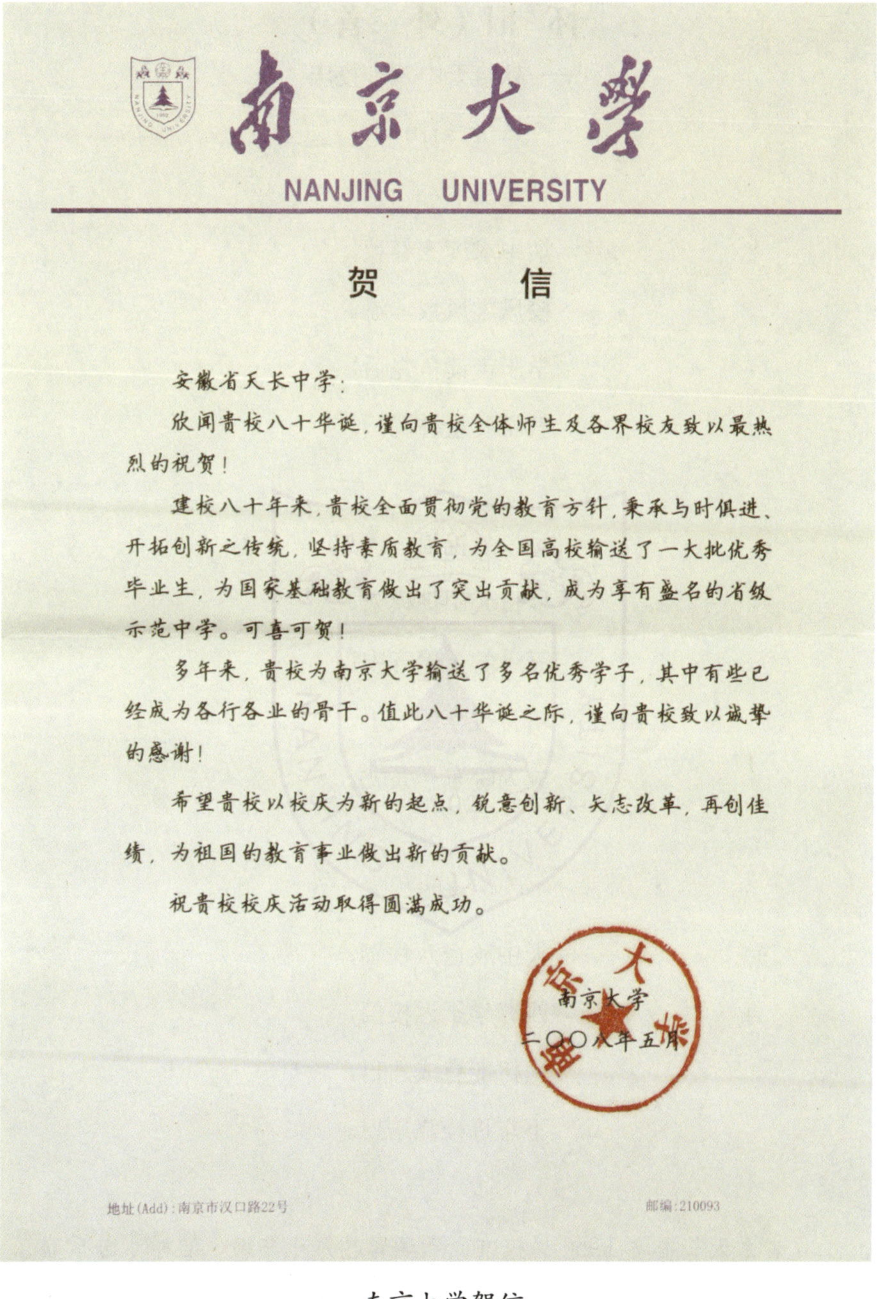

南京大学

NANJING UNIVERSITY

贺　　信

安徽省天长中学：

欣闻贵校八十华诞，谨向贵校全体师生及各界校友致以最热烈的祝贺！

建校八十年来，贵校全面贯彻党的教育方针，秉承与时俱进、开拓创新之传统，坚持素质教育，为全国高校输送了一大批优秀毕业生，为国家基础教育做出了突出贡献，成为享有盛名的省级示范中学。可喜可贺！

多年来，贵校为南京大学输送了多名优秀学子，其中有些已经成为各行各业的骨干。值此八十华诞之际，谨向贵校致以诚挚的感谢！

希望贵校以校庆为新的起点，锐意创新、矢志改革，再创佳绩，为祖国的教育事业做出新的贡献。

祝贵校校庆活动取得圆满成功。

南京大学

二〇〇八年五月

地址（Add）：南京市汉口路22号　　邮编：210093

南京大学贺信

怀 旧（外二首）

——献给天中八十校庆

何向阳

炳中求读三春秋，

校风学风数一流。

学子苦读争先后，

教学质量誉滁州。

祝福

今日天中规模宏，

三千学子聚齐中。

培育桃李遍天下，

成为皖东一条龙。

感恩

天中欣逢八秩春，

四海学子返校门，

大树能有成才日，

不忘母校浇培恩。

作者系天长中学1956届校友，欣闻母校八十华诞，自感十分欣喜，于医院中赋诗三首，以表一份真心。

学校沿革

安徽省天长中学校史（1928—2018年）

天長中學

安徽省教育委员会

教基函〔2000〕28号1

关于同意天长中学为安徽省示范高中的函

滁州市人民政府：

你市《关于对我市天长中学进行省示范普通高中评估验收的申报函》（滁政秘〔1999〕142号）悉。根据我委赴天长中学省示范高中评估验收小组评估验收情况汇报，经研究，同意天长中学为安徽省示范性普通高级中学。

天长市委、市政府重视教育，把天长中学创建省示范高中工作列入工作日程，切实加强领导，增加投入，实行政策倾斜，动员有关部门给予支持，为天长中学创建工作创造了良好的外部环境。天长中学领导班子抓住创建省示范高中的机遇，团结拼搏，争先进位，坚持全面贯彻教育方针，切实加强思想政治教育，促进学生全面发展；坚持面向全体学生，重视抓后进生转化工作；在教育教学工作中，注意因材施教，使学生的个性特长得到发展；坚持发扬艰苦奋斗精神，多方筹措经费，努力改善办学条件，使学校办学水平和教育质量稳步提高。

希望学校按照自己提出的创办“现代化、示范性、高质量、有特色”省级优秀示范高中的目标，继续努力，进一步加强学校领导班子建设，提高管理水平和教科研能力；要切实加强教师队伍建设，有计划、有步骤地提高教师的学历层次、教科研能力和运用现代教育技术的能力；要努力扩大校园面积，使校园形成整体，在此基础上，认真搞好校园总体规划，分期进行建设；要进一步加强教育教学研究，全面实施素质教育，不断提高办学水平和教学质量，为实现学校既定的目标而努力。

附：省教委评估验收组关于对天长中学进行省示范高中评估验收的意见。

安徽省教育委员会

2000年3月19日

抄报：省人民政府，方兆祥、苏平凡、蒋作君同志

抄送：各行署、市政府，各地、市教委，省示范高中和省重点中学、省政府秘书三室、天长市人民政府、天长中学

关于对天长中学进行省示范高中评估验收的意见

根据滁州市《关于对我市天长中学进行省示范普通高中评估验收的申报函》（滁政秘〔1999〕142号）的要求，省教委派出赴天长中学评估组，于1999年12月16日至18日，对天长中学进行了评估验收。

评估组听取了天长市委、市政府、天长市教委关于天长市教育情况的介绍和天长市教委、天长中学关于创建省示范高中情况汇报；检查了校园、校舍和教学设施、设备；查阅了各类资料；检查了有关学科、课外活动教学情况；分别召开了中层干部、教师、学生及学生家长座谈会；观看了学生的文艺演出。在此基础上，评估组根据安徽省示范高中评估细则，逐条评议、逐项赋分，并形成了关于天长中学评估验收意见。

一、天长市委、市政府重视教育，认真实施科教兴市战略，为天长中学的创建工作创造了良好的条件。

天长市历届市委、市政府重视教育，在普及初等教育，实施“两基”工作中，取得了显著成绩，曾被评为基础教育先进县。实现“两基”之后，一方面抓“两基”巩固提高工作，一方面积极发展幼儿教育和高中教育。

对天长中学创建省示范高中工作高度重视，把天长中学创建工作列入市政府工作日程，成立了领导组，作出了特殊决定，让老校长查灿云同志继续留任抓创建；市领导多次深入学校，调查研究，现场办公，作出了向东扩大校园、迁建学校教学区与操场之间的菜市场的决策；近几年来，市政府每年都拨一部分经费支持学校创建，同时，加大对学校政策扶持的力度，动员全市各有关部门从各方面支持学校搞创建，为天长中学创建省示范高中创造了良好的条件。

二、天长中学创建省示范高中工作扎实，成效显著。

天长中学有着悠久的历史和光荣的传统，为国家培养了大批的优秀人才。天长中学领导班子整体素质好，事业心强，团结协作，求真务实，乐于奉献。有较强的争先进位意识和拼搏精神，有较高的威信。学校办学思路明确，初步形成了明显的办学特色。一个“以升学预备教育为主、艺术特色教育相辅”的办学模式日趋成熟，积极探索并初步形成了“德育为龙头，五育一齐抓，美育有特长”的教育思路，把培养“基础知识厚实、有自主能力和创新精神、全面发展、学有特长”的一代新人作为育人目标，提出“一特长、二优良、三合格”的素质教育模式，并努力实践，已经取得了明显成效。

天长中学坚持把建设一支素质较高的教师队伍作为学校改革与发展的一项基础性工作来抓。一是抓师德建设。二十年来，天长中学坚持每星期一晚学习制度，组织教师学习邓小平理论，学习党的方针政策，学习教育法律法规，学习有关教育的重要文章，提高教师的思想政治觉悟、政策水平，培养教师的奉献精神；制订了《天长中学师德建设意见》，重点要求教师做到四不准，不准体罚学生，不准赶走学生，不准赌博，不准从事有偿家教。做不到的，在评职称、评先进时实行“一票否决”。二是抓师能培训。敦促学历未达标的教师参加自学考试和函授学习，取得应具备的学历；邀请著名教育专家来校讲学，组织教师到江苏和省内名校学习取经；经常开展公开课示范课教学，组织说课、评课活动，举办全市公开课，邀请全市同行共同研究教学；选编现代教育教学理论和教学经验供教师学习；组织45周岁以下的中青年教师参加计算机、普通话培训，通过上述措施来优化教师的知识和能力结构，引导和促进教师自我完善、自我提高，以适应和胜任教学需要。天长中学还重视教育科研和骨干教师的培养，一批优秀的中青年教师已经成长起来。

天长中学努力全面贯彻教育方针，重视和加强德育，把培养学生优良的品德和健全的人格作为重要任务，坚持以爱国主义教育为主旋律，以日常行为规范养成教育为基础，以课堂教育渗透为主渠道，逐步形成了“四为主”德育工作模式：一是教育内容以爱国主义、集体主义、社会主义思想教育为主，并把爱国主义同爱学校、爱家乡结合起来。二是教育渠道以课堂教学、知识渗透为主。三是教育方法以正面引导、自我教育为主，学校成立了“少年团校”和“青年党校”，引导学生学习党、团基本知识，学习党的方针政策，积极要求进步；多年来学校培养学生形成了写“自我教育日记”的习惯，每周一篇，对一周的情况，进行自我总结、自我表扬、自我激励、自我批评、自我谈心、自我规束、自我管理、自我改正，培养学生自控、自管能力，收到了良好的效果。四是组织领导以党支部、校长室为主，同时发挥工会、共青团、学生会、年级组的作用，形成了德育工作的网络。天长中学为了促进学生全面发展，坚持优化学科课程，夯实知识基础；强化活动课程，将活动课分为选修活动课、必修活动课、集体活动课三类，每年都举办艺术节、体育节、科技节。所有这些都为学生的全面发展奠定了基础，也为发展学生的个性特长创造了条件。

近几年来，天长中学很重视改善办学条件，先后兴建了图书馆、办公楼、电教馆以及教师宿舍，装修了理化实验楼，改建了教学楼，翻修了一个较高标准的运动场和观礼台；按照国家颁布的一类标准，配齐了理化生实验仪器设备和音体美器材，充实了图书馆藏书；装备了比较齐全的现代教育技术设备。在加强硬件配备的同时，天长中学还很重视软件建设，对中青年教师进行计算机应用培训，培养骨干教师制作计算机辅助教学软件，积极开展计算机辅助教学和辅助管理。天长中学坚持实施目标管理、制度管理、民主管理，通过加强管理，促进学校各项工作科学化、规范化，使学校办学水平不断提高。

按照天长中学自己提出的争创国家级示范高中的目标，希望天长中学在市委、市政府领导下，切实加强领导班子建设，使领导班子老中青三结合，要注意提高年轻干部的学历层次、管理能力、教科研水平和运用现代教育技术的能力；要进一步加强教师队伍建设，有计划、有步骤地培养一批学历层次较高、教科研能力和运用现代教育技术能力较强的名师；要进一步改善条件，使学校南北两区连成一片，形成一个整体，使校园东扩西补的计划尽快付诸实施，并着眼长远，搞好校园总体规划，分期进行建设，为把天长中学建成国家级示范高中而奋斗。

三年改革和发展规划

天长中学第五个三年改革和发展规划

（2000年9月—2003年9月）

人类即将跨入二十一世纪，以信息科技和生命科技为核心的科技进步与创新，正在深刻地改变着人们的生产和生活方式，推动着世界文明的发展。落实科教兴国战略，提高全民素质，培养和造就有创新精神和创造能力的一代新人，是历史赋予教育的神圣使命。

改革开放以来，在党的正确路线方针的指引下，在各级党政领导的指导下，经过全校师生的共同努力，我校各项工作发展较快，办学模式、教育思路、培养目标已经确立，办学条件大有改观，师资队伍得到了一定充实，办学水平和教育质量在稳步提高。2000年3月被批准为省级示范高中，为今后进一步发展奠定了坚实的基础。但面对新形势，尚有许多不足的地方：办学规模偏小，师资力量不均衡，管理体制不适应，教育科研水平不高，教学质量仍需进一步提高等，这些都是迫切需要解决的问题。时代在前进，经济在发展，教育要先行，我们必须抓住机遇，加快发展，迎接挑战，培养适应时代发展需要的一代新人。

一、发展目标

1. 指导思想

我校第五个三年改革和发展规划，是学校晋升为省级示范高中后的第一个三年改革和发展规划，是一个跨世纪的改革和发展规划，就是要使天长中学在新的世纪里充满生机活力，富有创新精神，不断开拓进取，创造辉煌业绩。因此规划的指导思想是以邓小平理论为指导，按照“三个代表”的要求，认真贯彻党的“十五大”和“十五届三中全会”精神，继续落实第三次全教会精神和中共中央、国务院《关于深化教育改革，全面推进素质教育的决定》及教育部关于《面向21世纪教育振兴行动计划》。以发展和改革为主题，围绕把学校办成“现代化、示范性、高质量、有特色”的省级名牌高中的目标，全面提高教育教学质量，培养具有创新精神和实践能力的创新人才。全面开创天长中学工作的新局面。

2. 学校发展的基本思路

创建省级名牌中学的过程，将是一个发展的过程，改革的过程，学校不仅规模要扩大，学生人数要增加，办学条件要改善，更意味着教育教学改革要深化，学校层次要升级，教育教学质量和办学效益要提高，示范性、辐射性要增强，为此要做到以下几点：

（1）在新的创建历程中，要始终抓住“在改革中发展，在发展中改革”这两大主题。教育教学改革的过程，是教育观念转变的过程，是教学手段、教学方法改革的过程，也是学校管理体制改革的过程。

（2）在创建过程中，要发扬“与时俱进，开拓创新”的传统校风，紧跟教育形势的发展，积极落实素质教育的要求，改革教学体系。学校以教科研为先导，以新课时计划与课程体系为抓手改革教学，培养具有创新精神和实践能力的人才。

（3）努力提高教育教学质量，这是学校生命力所在，是示范学校的重要标志，既要重视学生的思想政治教育，也要重视智育、体育、美育工作，使学校总体教学质量居省示范高中前列。

（4）积极实施“东进西扩”工程，扩大校园面积，增加班级数量及学生人数，进一步改善办学条件，兴建教室、学生宿舍、食堂、体育馆，增加仪器和图书，推进现代教育手段的实施，努力提高办学效益。

（5）落实示范性，增强辐射功能，这是对示范高中的基本要求，学校的办学经验尽量发散，并主动为我市其他学校提供必要的帮助和支持，共同促进天长教育事业的发展。

3. 三年发展目标的定位

“五三”期间，根据省教育厅批示，按照省示范高中的办学标准和“现代化（教育思想现代化、教育设施现代化）、示范性（规范学校管理、发挥辐射功能）、高质量（学科竞赛省赛榜上有名，大学本科位居大市前列、省级示范高中前20名）、有特色（艺术教育全省领先）”的办学目标，使我校跻身全省示范高中的上等位列，成为省内一流学校。再经过一个三年规划的努力，力争晋升为全国示范高级中学。

二、主要任务

1. 德育工作：把思想政治教育、品德教育、纪律教育、法制教育作为德育工作的长期重点，把学生培养成为热爱社会主义祖国的具有社会公德、法制意识、文明行为习惯的遵纪守法公民，引导他们逐步树立正确的世界观、人生观和价值观，不断提高他们爱国主义、集体主义、社会主义思想觉悟，为他们中的优秀分子将来能够成长为共产主义者奠定基础，是我们德育工作的重要任务。加强心理品质教育，努力营造心理健康教育的环境，鼓励学生正确认识、评价自己，保持一个正确而健康的心理状态，这是现代教育的标志之一；加强精神文明建设，保持省、市级文明单位称号。

2. 智育工作：在积极培养创新精神和实践能力上狠下功夫，探索教改新路。一方面大面积提高教学质量，学科会考成绩合格率达100%，其中考试学科会考成绩优秀率达40%以上；向高校输送合格新生，升入本科人数逐年增加，三年内达 65% 以上，其中入重点大学人数占本科数的 60% 以上；另一方面探索具有高素质、高创新精神的青年英才培养规律和途径，使学科竞赛和“三小”活动在省榜有名、地榜前列，国家级竞赛中有人获奖；培养学生科学精神和创新思维习惯、收集处理信息和获得新知识的能力、分析问题和解决问题的能力、阅读理解和语言文字表达能力、团结协作和社会活动能力。

3. 体育工作：认真按大纲、课本上好体育课，积极开展群体活动，以增强学生体质。学生体育合格率 100%、达标率 95% 以上，学生近视率呈下降趋势，无流行性疾病发生。同时要开展对竞技项目的研究和培训，提高竞技水平，学校每年四季举办不同类型的体育运动会，参加滁州市级以上体育比赛获奖人（队）位居同类学校前三名，在省重点中学比赛中位居中上等位列；培养拔尖人才，每年有 2 ～ 4 人升入本科体育院校。

4. 艺术教育：认真上好艺术教育课，普及艺术基础知识，提高艺术鉴赏能力。使 80% 以上的学生会一种乐器演奏，或掌握一门绘画、书法等技艺；提高艺术实践能力，每年举办一次音乐会和书画展，参加滁州市以上演出、展览竞赛获集体奖和学生个人赛的人次、等第居同类学校前列；努力提高美术、音乐小班的专业课、文化课教学水平，使升入艺术院校（音乐、美术）的人数居滁州市同类学校之首，省示范高中上等位次。

5. 综合技能：普及微机教育，100% 的学生掌握计算机基础知识和操作，学会利用网络技术收集处理信息，组织学生参加计算机、外语等级考试，有在省级计算机竞赛中获三等奖以上；100% 的学生参加研究性学习并写作专题报告，有研究成果在滁州市以上获奖；学生均有自我服务、社区服务、家务劳动的习惯，45 周岁以下教师均通过微机、普通话等级考试。

6. 办学条件：初步确立 36 个到 42 个高中班的规模，相应地兴建一幢质量高、设施全的教学楼、体育馆。引资兴建学生食堂、学生宿舍，并全部实行社会服务化、企业化管理。

7. 教师队伍：两年内45周岁以下的专任教师要100%达到本科水平，10人参加研究生进修，培养校级以上骨干教师10人，教坛新星20人，学科带头人20人，力争每两年有一位教师晋升为特级教师。

8. 内部管理体制：积极实施学校内部管理体制改革，推行“四制”，完善岗位责任制，加大奖惩力度，实行多劳多得，优质多得的分配原则。积极推行住房制度改革，鼓励教职工到校外购房，以解决部分教职工的住房困难，学校按房改政策适当补贴。

三、阶段性目标和标志性成果

在未来的三年中，学校发展阶段性目标与标志性成果如下：

1. 课程建设的阶段性目标和标志性成果

学校利用三年时间，研究探索新教材课程体系的建设，形成有我校特色的教学模式和教学方法。

第一阶段（2000年9月—2001年1月） 提出课堂教学模式“指导、自主、互动”和教学方法“导学—自习、预习—讲授—巩固”，并进行讨论、实施。

第二阶段（2001年2月—2003年2月） 学校大力推行新教学模式和教学方法，实施“研究性学习”课程，并编写指导性文章。

第三阶段（2003年2月—2003年7月） 总结经验，写总结论文。

2. 以培养创新精神和实践能力为核心的素质教育模式阶段性目标和标志性成果

与新课程计划紧密同步，利用3—6年时间，初步建立素质教育的模式。

第一阶段（2000 年 9 月—2001 年 1 月） 初步制定素质教育的评价体系。

第二阶段（2001 年 2 月—2003 年 2 月） 积极落实“研究性学习”课程教学，把创新精神和实践能力的培养落到实处。

第三阶段（2003 年 2 月—2003 年 7 月） 把课堂教学模式、教学方法、“研究性学习”成果初步总结，并请省教育厅、滁州市教委、天长市教委指导验收。

3. 德育工作阶段性目标及标志性成果

高一年级德育目标是帮助学生形成对社会主义祖国、对集体和社会的正确认识，具有正确的政治观念，养成良好的行为习惯。

高二年级德育目标是帮助学生在树立马克思主义世界观的基础上，初步形成正确的价值观、人生观、道德观体系，使学生爱国主义、集体主义、奉献精神、道德观念融为一体。

高三年级德育目标是使学生以政治价值观、人生观和道德观为他们的人生信仰，并指导自己的言行。

为实现上述目标，积极探索德育工作的新途径、新机制。

德育工作的基本模式：坚持并完善内容以“三个主义”“三个观念”为主，渠道以课堂教学为主，方法以自我教育、正面教育为主，组织领导以党支部、校长室为主的“四为主”德育工作模式。

积极开拓教育的新途径，办好家长学校，充分发挥家长在德育工作中的作用，进一步密切我校与校外德育工作基地的关系，建立健全校内外德育工作网络。

积极发挥教师在学生成长中的引导作用和党组织的主导作用，利用上党课，组织党章学习小组，培养学生党员等，形成良好的引导机制。

4. 教师队伍建设阶段性目标和标志性成果

提高教师素质是实施素质教育的关键，是晋升国家级示范中学的重要工作。

第一阶段（2000 年 9 月—2001 年 9 月） 45 周岁以下的教师拿到计算机合格证、普通话合格证，所有教师达到本科学历。

第二阶段（2000 年 9 月—2003 年 9 月） 10 人左右在读研究生。

第三阶段（2001 年 2 月—2003 年 9 月） 学校全面启动“1122”名师工程，力争达到 10 名硕士生、10 名市骨干教师、20 名学科带头人、20 名教坛新星，形成高水平的教师群体。

5. 教研科研阶段性目标和标志性成果

向教研科研要质量是教学工作指导性原则。

（1）全员参与教学研究，根据教研的基本要求，人人立项，即首先从自己实际教学中产生的问题进行立项研究。

（2）积极实施已立项的省、地、市课题，按期拿出成果。

（3）积极主动参与省、国家级研究课题，引进子系课题。

6. 教育、教学、管理保障体系建设阶段性目标和标志性成果。

学校将在三年内完成学校质量保障体系的建设，达到学校依法管理、教师依法执教的要求。

第一阶段（2000 年 9 月—2001 年 1 月） 修改、制订并实施学校有关规章制度。

第二阶段（2001 年 2 月—2001 年 7 月） 制订校内管理改革制度，实行“四制”。

第三阶段（2002 年 9 月—2003 年 7 月） 实施并完善内部管理改革，总结经验，撰写论文。

7.校园文化建设阶段性目标和标志性成果。

（1）进一步净化、美化校园环境，创造良好的自然环境和人文环境。

（2）积极主动搞好“东进”工程，力争2001年上半年购进东边土地，再用两年时间兴建一栋教学楼、一座体育馆、一座学生食堂及辅助设施。

（3）2001年完成“西扩”工程，建设西园商业区。

四、目标实施的可行性

（一）学校的历史传统

天长中学建于1928年，现已有72年的历史。新中国成立前为我国革命事业培养了一批革命人才，他们为我国新民主主义革命、社会主义革命和社会主义建设做出了重要贡献。新中国成立后，特别是改革开放以来，学校坚持社会主义办学方向，在教育、教学改革中，锐意进取，开拓前进，促进了学生在德、智、体、美诸方面健康活泼地发展。仅恢复高考制度以来，我校向高校输送近4000名合格学生，他们中有数十人取得国内外博士学位，成为国家之栋梁。学校形成的“与时俱进、开拓创新”的校风，“勤奋、进取、踏实、谦逊”的学风，经受住了时间的考验，并享有盛誉。20世纪80年代，学校进入有目标、有计划的发展阶段，各项工作进入快速发展时期，先后兴建了教学楼、实验楼、大门楼、宿舍楼，学校面貌发生了初步改观。学校学习并推行“以学生为主体，以教师为主导”的教育思想，取得了较好的效果。20世纪80年代我校有3名学生荣获省高考第一名，一名学生荣获省高考第二名，受到了社会的认可和赞誉。

20世纪90年代，天长中学教育教学改革进入新阶段。进一步明确了办学目标：创办“现代化、示范性、高质量、有特色”的学校，标志是首批进入省示范高级中学。确立了办学模式：以升学预备教育为主，艺术教育为辅。厘清了教育思想：德育为龙头，教学为中心，“五育”一齐抓，美育有特长。这些都反映了学校经过多年的努力，形成了较为成熟的反映时代精神的教育理念。

72 年的发展历史，形成“与时俱进，开拓创新”的校风，成为学校的历史传统，为学校进一步发展奠定了良好的基础。

（二）学校现有的基础和优势

创建省名牌高中进而创建国家级示范高中，我校具有如下基础优势，从而使晋升成为可能。

1. 省教育厅、滁州市教委对我校发展高度重视，省教育厅要求我校成为安徽中等学校面向江苏的示范窗口。

2. 天长市委、市政府和社会各界对我校倾注极大关怀，把天长中学办成省名牌中学进而进入国家级示范高中，是政府和各界人士的殷切希望。

3. 我校逐渐形成了一支较高素质的教师队伍，省特级教师、国家级骨干教师、省级教坛新星等教学带头人已经形成。95% 以上的专任教师都是本科生，近几年将有 10 名硕士毕业生，这是学校的巨大财富。

4. 我校人才培养质量，一直稳居滁州市前列，使学校无形资产的含金量超过有形资产。

5. 我校课程改革和教研科研位居滁州市前列。

6. 学校教学设施、教学设备已初具规模，电教设备位于全省前列。

7. 许多江苏名校与我校有浓厚的友谊，我们将会得到他们的有力支持。

8. 国家级示范高中的条件，与省级示范高中的条件基本相同，我校根据省检查，在创建 74 条中得分较好，我们有创建示范高中的经验。

五、实施措施

（一）实施“素质教育”工程，提高教育质量

1. 加强德育工作。要不断充实完善“四为主”德育工作模式，针对目前学生中存在的理想较淡薄、行为不规范、学习欠刻苦等问题，必须加强五个方面的工作。第一，要加强爱国主义教育，树立远大理想。要把远大理想同现实目标结合起来进行，举行升国旗仪式，举办“我的职业理想”报告会，“青年党校”，“十八岁成人仪式”等活动形式对学生进行“刻苦学习，立志成长，报效祖国”的教育，增强爱国热情，树立崇高理想，树立正确的世界观、人生观、价值观。第二，加强德育常规管理，提高文明素质，重点要进行学风建设和养成教育，在师生中开展“做好天中人”活动，制订言行标准，塑造天中形象，从高一年级入学抓起，通过举办八月份的“军事夏令营（军训）”，九月份的“行为规范月”，强化思想作风教育，强化行为礼仪教育，强制学生养成良好的文明习惯和学习习惯。真正形成“早晨书声琅琅，上课聚精会神，自习鸦雀无声，活动生龙活虎”的良好学习风气。要着力培养学生干部，发挥好他们的作用，坚持和改进值周班制度，培养学生的自控能力和自管能力。第三，加强德育队伍建设，和谐师生关系。要建成一支热爱学生、工作认真、作风扎实的班主任工作队伍，注意对年轻班主任的培养。班主任要注重抓好师德修养，班级常规管理，学生文明素养和校园文化建设四项工作。班主任要讲究工作方法，做好师生沟通工作，建立平等的民主的新型师生关系。第四，提高德育工作技能，探索德育新路。要根据新时期学生的生理和心理特点，运用现代教育技术，通过收看《新闻联播》和爱国主义教育影片等，加强心理健康教育和心理咨询，师生共同参与活动，激发学生的兴趣，提高德育工作的艺术水平，积极进行德育教育的方法研究，使德育工作更加富有成效。第五，优化德育教育氛围，共育“四

有新人”。学校要加强“主阵地”,抓好校园文化建设,充分利用校史展厅、荣誉室、科技史廊、雕塑、名人字画、宣传橱窗等文化教育设施,营造良好的文化氛围,陶冶学生的情操。家长学校要切实办好,以提高家庭教育水平,加强家庭教育的力度,同时要加强法制教育,净化教育环境。减少不利于学生健康成长的负面影响,把学校办成一个“教师认真教,学生认真学”的育人磁场。

2. 深化教学改革。创新教育是素质教育的最高层面,其核心是培养学生的创新精神和实践能力,为此必须深入地进行教学改革。第一,要改革教育观念。二十一世纪是知识经济社会,培养创新精神和实践能力,是时代对教育的要求,是国家和民族对教育的希望。思想观念的改革是教育改革的先导,彻底改变以应试为唯一目的的教育思想,改变单一死板灌输式的教学方法,改变一支粉笔、一本书的教学手段。第二,要执行教学法规。严格按省颁新课程计划,研究好教材内容,上好必修课、选修课、活动课,早晚自习严禁授课,要密切注视、切实把握教改趋向,通过研究教改来改进教学方法,强化语、数、外学科的主体基础地位,主要学科要尝试编写符合我校学生特点的教案,并在教学实践中不断充实完善。各学科要从本学科出发,讲好自己的课,把好自家的门,还要从不同的侧面注重培养学生的思维能力、应用能力以及解决问题的能力,注意学科综合能力的培养。第三,要改革教学模式。要围绕“指导、互动、自主”的创新课堂教学模式,从培养学生的性格品质、养成创新思维习惯出发,改进教学方法,做到精讲精练,着重指导点拨,帮助释疑解难。第四,要改革教学手段。要积极地将现代教育技术运用于课堂,根据教学需要,最大限度地运用多媒体教学,提高教学效率,增强教学效果。第五,要改革教学思路。积极实施分层因材施教,一方面要抓好培优工作,通过学科竞赛辅导,强化对优生的训练,提高竞赛获奖层次,培养一批学习精英。还要注重中下等学生的智力开发和非智力因素的转化，利用自习课、活动课对他们进行辅导，促使教学质量的大面积提高。第六，要改革评估制度，对教学过程的评估，除坚持常规检查外，要加大学生和家长的评议分量。教学成果的考核要尊重教师工作特性，既侧重班级、年级的整体水平和学科组总体水平在大市的名次，又要提倡个人冒尖，并考虑个人劳动利益。第七，要改进备课方式。各年级必须以备课组为单位，在个人独立钻研备简案的基础上，个人分章备详案，集体讨论完善，真正做到统一计划，统一教案，统一进度，以达到优势互补，资源共享，联动发展，整体提高。每周要安排半天时间，用于备课组集体备课。第八，要加强课堂教学。要在改革课堂教学上狠下功夫，加强评课、说课工作，开好示范课，评选好的教案，并积累成集。每位教师每学期上一节优质课，写一份优秀教案。第九，要加强年级领导。成立年级领导组，全面负责、指导年级的工作。

3. 注重艺术教育。坚持近几年我校在艺术教育方面的成功做法，继续采取“特招”等倾斜措施，扩大艺术班的生源。改善对艺术班学生的管理，积极向上级主管部门申报，争取各年级单设一个艺体班。加强艺术教育的资料设施配备和教学环境的改善。对全体学生进行艺术基础知识教育，提高学生的艺术欣赏能力，使艺术教育更显特色。

4. 加强体育工作。发挥我校作为田径传统项目学校的优势，坚持普及与提高的原则，一方面积极地在学生中普遍开展群众性的体育活动，上好体育课，抓好“三操”，增强学生的体质；一方面要办好体育小班，培养竞赛苗子，组建校级、年级、班级田径队，1—2 个球类运动队，加强竞技训练，提高竞赛水平。

5. 开好活动课程。按照活动课指导纲要认真开好活动课，做到组织、计划、教材、指导老师、教学场地、教学设施“六落实”，确保活动课教学富有成效。每学年举办一次艺术节、体育节、科技节，举办一次普通话比赛。各学科每学年向学生举办一次专题科技讲座，每月出一期宣传栏和科技橱窗，每星期召开一次班会，每天收看《新闻联播》。图书馆、电教馆向学生全方位开放，天文台定期向学生开放。

6. 开好研究性学习课。研究性学习是把学生真正置于学习的主体地位，培养学生创新精神和实践能力的一种新的学习方式，学校要成立研究性学习领导小组，制定研究性学习教学活动计划，分步实施。高一学年着重做好准备，向学生和家长宣传研究性学习的意义和方法，教师帮助学生做好学科研究课题的选定；高二学年开始主题研究，学生在教师的指导下，积极、主动地开展研究和搜集资料等活动；高三学年进行总结交流，着手撰写实验报告、调查报告，最后答辩结题。

（二）实施“科研兴教”工程，提高教学水平

1. 学习教育教学理论，不断更新教育教学观念。学校每年请一位教育专家来校讲学，收看专家讲话录像，了解教育教学改革动态。派员到外校、外地学习进修，和省内外名校建立协作关系。教师每年要学一本教育教学专著，并做好读书笔记，每学期写一份有质量的教学小结，三年至少在CN级报纸杂志上发表一篇论文，或在滁州市论文评比中获奖。

2. 扎实开展日常教学研究活动。要在全校开展既扎实又热烈的常规教研活动，形成浓厚的教研氛围。每学期教师开一次组内公开课，课题组成员开一次研究课，“导师”开四节以上指导课，每学年骨干教师、特级教师开一节示范课，学校对外开一次观摩课，并及时认真地做好说课、评课工作。

3. 积极开展教育科研。围绕教学搞科研，以科研带动教改，是学校近几年教学工作的重点之一。每位教师都要根据自己的教学实际，从提高课堂教学质量、解决教学实际问题出发，有目的地开展教师课堂行动

研究，从立项、计划、实施到总结要形成全程资料，学校组织力量分科逐人每年进行评估，教研课题原则上每年结题一次，将一些好的教改经验和教研成果选编成册，进行推广。要确保语文学科《切入唐诗宋词，提高语文教学质量》在2001年通过省级验收。英语学科的《外语课堂教学进行素质教育的现状和改进》，语文学科的《减轻学生课业负担，提高语文课堂教学效率》，电教学科的《运用计算机现代教育技术辅助教学问题的研究》，化学学科的《兴趣教学法在中学化学中的应用》，政治学科的《高中思想政治课对学生创新能力的培养》等市级课题，要按计划扎实地开展研究，如期结题验收。空缺学科要积极地选题申报，力争在3年内各学科都要有市级以上课题。高一年级要积极地探索“指导、互动、自主”的课堂教学模式，在实施过程中不断完善，三年后总结成型。要加强对研究性学习课程内容和实施办法的探究，并在实践中不断深化。要把科研成果积极地渗透到教学过程中。学校还要组织力量根据高考改革的趋势，研究“3+x”的教学思路。

4. 应用网络技术。学校将对教师进行分级培训，帮助教师掌握现代教学技术。教师要从提高课堂质量出发，用现代教学技术手段来探究新的教学方法，充分利用网络资源，积极地自制课件，运用现代教育技术进行辅助教学。每年进行一次计算机辅助教学课件评比和展示活动。学校要着手建立教学资料信息库和试题信息库。

5. 加强领导。成立教科研领导小组，充实教科室力量，配备学科教研员。教研、科研是衡量教师水平的一个重要标志。要加强对教研科研工作的考核，建立教师教科研业务档案，建立教科研单项奖励制度，把科研实绩纳入教师年度考核内容，评选优秀教科研工作者。每年安排不少于1万元的教研经费，用于活动经费和评比，保证教研科研的扎实开展。

(三)实施“1122”工程,提高教师资历层次

1. 加强教师职业道德建设。有组织、有系统地通过学论著、办讲座、看录像等形式组织教师学习先进的教育理论,转变教育观念,培养其奉献、求实、探索精神。认真执行教育部《关于中小学教师职业道德建设的若干意见》中八条要求,和《天长市中小学、幼儿园教职员工“十不准”》,制订《天长中学师德评估细则》,加大其在教师年度考核中的比重,进行量化考核。建立有效的师德监督机制,每学期召开一次师德监督评议工作会议,充分听取学校党支部、学生会、家长委员会的意见和建议,不断改进师德建设工作。加强领导班子的建设,提高年轻干部的学历层次、管理能力、教科研水平和运用现代教育技术的能力。按照“六个坚持”“五个原则”“四个典范”的要求,做师德的模范。

2. 提高教师队伍整体素质。人员的发展和流动是促进学校发展的根本性动因。每年要根据增班情况,从师范院校选调一些优秀毕业生充实短缺学科,到2002年45周岁以下具有大专学历的教师要全部提高到本科水平。所有教师都要参加省教育厅组织的继续教育,45周岁以下的教师都要获得计算机初级以上合格证和普通话合格证书。

3. 加强骨干教师队伍建设。高质量的教育要有高水平的教师。实施“1122”工程,2001年上半年将在全校开展评骨干教师、教坛新星(40周岁以下)、学科带头人等活动,并且每年选派2—3人进入研究生班进修,到2003年要有10人攻读硕士学位。在此基础上,积极选培市、省、国家级骨干教师和学科带头人,力争各学科在市级以上有10名骨干教师,20名学科带头人,20名教坛新星,从福利待遇、晋升晋级、评选先进等方面采取倾斜措施,建立有效的激励措施,培养和造就一批在省、市有影响的“名师”和中青年专家。

（四）实施“东进西扩”工程，扩大办学规模

1. 增大校园面积。积极地和有关部门协商，求得上级领导部门的支持，争取在 2001 年 7 月前使校园东进至儒学街，增加面积 8000 多平方米。2001 年力争启动校园向西南扩至唐人街的计划，同时请外地专家对校园整体布局进行统筹规划。

2. 扩大办学规模。为充分利用现有办学资源，将逐年增加招生人数，2001 年起拟招 12 个班。合理配置公费生和自费生的招生比例，积极主动地争取好的生源，初步确定 36 个教学班的办学规模，以后再创造条件，逐步扩大至 42 个班。

3. 改善办学条件。2001 年在“东进”的基础上，兴建一幢教学楼和体育馆，使教学用房和学生活动用房基本够用。在配合市唐人街建设的同时，搞好西部商业区的开发，同时搞好校园内水电设施的改造。根据实际需要，逐步充实和完善图书、实验仪器及文体器材等教学设施，逐步添置电教设备，完善校园网络系统，并做到妥善管理和充分利用，尤其是要积极地利用电教设施。

（五）实施“依法管理，依法执教”的管教工程，提高管理水平

1. 完善管理制度。遵照国家教育法规，在总结过去教育教学经验的基础上，根据新情况，修订和完善教育教学和行政后勤等管理制度，修订各部门的职责，修订教师和员工年度考核办法，制订学校内部管理体制改革办法，修订教学成果奖励办法，并强化实施、监控、评估等环节，使学校整体工作依法管理，教师依法执教。

2. 改革校内用人制度。根据教育部和省市人事改革管理制度的精神，积极推行“四制”，制订校内人事制度改革和管理办法，实行按需设岗，公开招聘，平等竞争，择优录用，严格考核，合约管理。从 2001 年 9 月起，按编制定岗定责，优化各年级和各部门的人员组合，同时稳定地做好富

余人员的分流工作，后勤部门要实行企业化管理，同时根据部颁考核办法修订我校的人事改革配套制度，实行多劳多得，优胜劣汰，拉开档次，分开酬距，激活广大员工的工作热情。

3. 坚持民主管理。要进一步界定各职能部门的职责，领导班子成员要按各自分工的范围和三年的任期目标履行岗位职责，认真开展工作，对中层以上干部实行一年一评，三年一次总评。要建设好教职工代表大会和校务委员会，使其真正起到民主监督和决策咨询的功能。坚持一年一度的民主评议干部和民主审议学校工作计划及财务状况的制度，增强教职员工对学校工作的认同感和参与感。

（六）加强党的保证监督作用

1. 加强党的思想和作风建设。党支部要按照江泽民同志“三个代表”的重要思想，加强党员和广大教职员工的思想教育。坚持“三会一课”制度，抓好教职工的政治学习。要遵照江泽民同志《关于改进党的作风》的讲话精神，切实加强党员的作风建设，为建设一支高素质的教师队伍而积极开展工作。

2. 加强党的组织建设，发挥保证作用。要积极培养中青年教职工，依据党员条件，按照“坚持标准，保证质量，改善结构，慎重发展”的方针，成熟一个，发展一个。要积极地做好青年学生的培养教育工作。要充分发挥其在学校工作中的参谋作用，依法做好保证监督工作，保持“红旗党支部”的光荣称号，力争做市党建示范党支部。

3. 加强共青团、工会工作。共青团和工会要加强自身建设，在学校工作中各自发挥应有的作用。共青团要当好党的助手，有计划、有组织地开展活动，根据学生的生理和心理特点，抓好青少年的思想教育。工会要做好学校和教师的沟通工作，多为教职工办实事，开展一些健康有益的职工文体活动。党支部要加强对共青团、工会工作的领导。

天长中学前景将是美好的，尽管在改革和发展过程中必然会遇到许多困难和障碍，只要全校师生员工坚定信心，团结拼搏，开拓进取，务实求新，扎实工作，我校的目标就一定会实现。

天长中学第六个三年改革和发展规划

(2003年9月—2006年9月)

教育是现代文明的基石。人类进入二十一世纪后，“开发人力资源是全面建设小康社会的第一目标和富民强国的第一国策”已成为人们的共识。近几年来，天长市委、市政府坚持“科教强市”的战略，高度重视天长中学的建设和发展，促使我校各项工作都取得了长足进步，圆满地完成了“五三”规划所确定的目标和任务。为了适应天长经济建设和社会发展的要求，紧紧抓住当前发展的极好机遇，我们必须坚持把发展作为第一要务，加强学校内涵建设，进一步深化教育教学改革，坚持教育创新，加快学校的发展步伐，为创办“现代化、示范性、高质量、有特色”的一流名校而积极地开展工作。

一、发展目标和思路

天长中学晋升为省示范高中后，步入了稳步发展的轨道，在办学条件、师资建设、教学质量等方面都取得了显著的成绩。通过建设新校区，扩大了办学规模；通过选聘和分配，壮大了教师队伍；通过教学改革，提高了教学质量。近几年我校高考成绩一直位居滁州市前列，学校先后被评为“全国爱国主义读书教育活动示范学校”“省会考先进单位”“省第四届、第五届文明单位”“省家教名校”“滁州市德育工作甲等标兵学校”，全面提升了学校的位次和实力，为进一步发展奠定了基础。

“六三”期间是我校处于建设新校区、扩大办学规模的关键时期，也是国家实施新一轮课程改革的关键时期，天长中学必须深化改革，加快发展，确立新的目标和要求，与时俱进，适应需要。

（一）指导思想

我校第六个三年改革和发展规划将以党的十六大精神和全国农村教育工会会议精神为指导，以全面提升教育教学质量为目的，以加快发展步伐、加大改革力度为举措，以争创国家级示范高中为目标，全面开创天长中学工作新局面。

（二）发展思路

晋升国家级示范高中是一个长期的创建过程，是学校不断发展和提升的过程，我们要发扬“与时俱进，开拓进取”的校风；坚持“以发展把学校做大，靠质量把学校做强”的工作思路；确立“注重发展教真人，开发潜能育全才”的办学理念；坚持依法治校和民主管理相结合的原则，不断规范办学行为；坚持提高学历和校本培训相结合的原则，不断提升师资素质；坚持实施课改和校本研究相结合的原则，不断提高教育质量；坚持自我创收和多方筹措相结合的原则，不断完善办学条件。

（三）目标要求

根据市委、市政府的要求和我校的校情，“六三”期间，天长中学要积极创造条件，力争晋升为国家级示范高中。具体要求：到2006年办学规模高中要达到60个班，3000多名在校学生，实验学校达到24个初中班，1200多名在校生；高中任课教师本科学历达到100%，其中50%以上的中青年教师要达到硕士研究生水平，初中任课教师100%达大专学历，其中80%以上达本科；高考升学人数要逐年增加，保持在滁州市并争取在全省处于领先位次，实验学校中考成绩要位居全市第一；积极完善新校园各项配套设施，打造全省一流的校园。

二、发展策略和举措

（一）坚持“以人为本”，不断创新教育理理念

1. 坚持“以学生发展为本”的办学理念。把促进学生发展作为学校

一切教育教学活动的出发点和落脚点，以学生全面发展为目的，围绕学生发展配置教育资源。坚持有个性的发展观，从每个学生的身心发展特点和规律出发，承认差异，因材施教，帮助培养有个性的发展性学习和创造性学习能力。

2. 坚持“以教师发展学校”的发展理念。教师发展学校的根本要旨是通过教师的发展达成学生的最大化发展；通过提供良好的条件和创设良好的环境，来促进教师的专业成长；要促使教师形成教育、教学、研究和学习合一的专业成长模式；培养和提高广大教师发现问题、解决问题的习惯和能力，不断提高其教书育人、管理育人的水平和能力，促进学校持续发展。

3. 构造民主和谐的学校文化。切实加强德育建设，坚持弘扬和培育民族精神，培养学生的公共精神、社会责任感、高尚的道德情操和文明生活行为方式，整体提升广大师生的人文素养、科学素养、身心素质。加强校园文化建设，提升文化底蕴和文明程度，推进学校的特色建设，创建民主和谐的文明校园。

（二）坚持“校本培训”，培养优质教师资源

建设高水平的教师队伍是学校内涵发展的关键。为此，要把开发人力资源、建设适应学校发展需要的高素质师资作为“六三”规划工作的重点。

1. 进一步加强师德建设。着力构建以科学的教育观、人才观、质量观为核心的师德品质体系，从政治思想、职业要求、工作原则三个层面来强化师德修养。不断改善师德建设的途径，第一要实现师德认识的人本化，即要把教师对教育的认识统一到以学生的发展为本的高度上来。第二要实现师德行为的规范化。一是加强制度管理，对教师的各种教育行为提出明确的规范要求，纳入整体考评之中。二是加强思想管理，要

举行各种形式的教育教学沙龙，通过对实际工作中的一些问题进行探讨和分析，来提高广大教师的思想认识。三是加强学习管理，每周一次政治学习，每学期举行一次讲座，每年自读一本理论专著。要塑造出天长中学教师的良好形象。

2. 进一步提高教师业务素质。要形成制度，把好新增教师的入口质量关，要通过师带徒，教学沙龙等措施缩短青年教师的合格期；要办好南京师大研究生班，提高在职教师的学历水平；要通过校本教学研究和校际学术交流来提高教师的业务水平；要通过培养特级教师、省市教坛新星、学科带头人来推出一批骨干教师，培养出一支适应时代发展要求的高素质教师队伍。

3. 进一步完善分配管理制度。要在国家政策的允许范围内，修订与聘用教师相适应的校内结构工资分配办法，将教职工的工资待遇与岗位职责、工作数量和工作效益挂钩；坚持和完善以重能力、重实绩、重贡献为主的激励机制。

4. 进一步做好教师福利工作。要逐步提高教师的福利待遇，在新校区附近批征教师宿舍用地，确保绝大部分教师都能有房可住，要坚持以失业保险和医疗保障为主要内容的社会保障制度。要丰富教职工的业余文化生活。要定期为在职教师进行体检。要关心离退休教职员工的生活和健康。

（三）坚持“校本研究”，全面提高教育质量

1. 改革和加强德育工作。要有计划、有层次、有重点地抓好学生的思想品德教育、行为规范教育、心理健康教育。要重点加强对学生的爱国主义教育，培育学生的民族精神；要经常性地对学生进行行为规范教育，培育良好的学风；要定期对学生进行心理健康教育，培育学生健全的人格；要定期对学生进行法制和安全教育，培育学生遵纪守法的意识；要

定期对进步学生进行党的基本知识教育，培育一个积极向上的优势群体。要加强对德育工作的领导，要改革德育工作体系和创新德育工作机制。

2. 积极参与课程教材改革。要学习高中新课程标准，广泛树立和传播新的教育理念；要推进课堂教学创新，从教师灌输式教学转到启发式教学和学生自主学习上来，提高教学效率；要在实施过程中积极探索新的教和学的评价方法；要求优势学科尽快编订面向全体学生的校本教材。

3. 积极进行教学改革。要办好各类特色班，继续办好理工实验班，探索创办文史实验班和外语实验班，坚持办好音体美特色班，积极试行部分学科跑班教学。要切实办好补差班。

4. 大力推进信息技术教育。要抓住新校区建设契机完善教育教学网络系统的基础设施，建好校园网站，积极开展信息技术教育，推动学科教学与信息技术整合，要积极探索在信息化环境下教学模式和学习形式的变革。同时，加强电子校务建设，实行学籍、档案管理电子化。

5. 积极开发课外教育资源。要继续办好各学科活动小组，重视学科竞赛，注重培养教练队伍和竞赛尖子，努力提高获奖层次和人数，要坚持办好艺术节、体育节和科技节，挖掘学生的潜能，发挥学生的特长，培养学生的整体素质。

6. 积极开展校本教学研究。把校本教学研究作为“科研兴校”的着力点抓实抓好，以解决教育教学中的实际问题。一是加强集体备课，并在实施过程中不断加以改善，既要做到资源共享，又要做到各有特长；二是开好公开课，重点抓好说课、评课两个环节；三是注重经常性的课间研讨；四是鼓励教师进行教育教学反思；五是积极开展校际教学交流；六是积极申报实施国家和省级科研课题。

（四）注重学生发展，努力培养学生能力

1. 培养学生的自主能力。要教育和培养学生在学习和生活中能做到自信、自尊、自强、自律和勤奋;要教育学生充分认识到对个人的行为负责;要组织学生积极参加各种公益活动;要培养学生强烈的社会责任感。

2. 培养学生探究能力。在开设研究性课程的基础上，各学科教学中要积极推动研究性学习，努力使学生在基础知识的学习中，掌握获取知识的方法，体验探求知识的过程，发现知识的应用价值，从而增强学生持续学习的愿望。

3. 培养学生的反思能力。引导学生养成自我反思的习惯，要引导学生经常性地对自己学习过程和学习结果进行反思，学会正确评价自己，学会矫正自己，提高自我认识的能力。

4. 培养学生的合作能力。组织学生参加集体活动，增强集体观念，鼓励学生在生活和学习上相互帮助，以达到能与他人一起确立目标并努力去实现目标，尊重并理解他人的观点与处境，能正确评价和约束自己的行为，能综合运用各种交流和沟通方法与他人合作。

5. 建立学生发展档案。要以各种方式和多种途径全面了解学生的发展历程，注重对事实记录和对原因的分析，提出具体可操作的改进建议，促进学生不断发展。

（五）改善办学条件，保障学校持续发展

1. 完成新校区建设。要高质量地建设好新校区，各项教育教学设施和设备及相关资源的配置，本着经济、实用、安全、高效、方便师生使用、满足学校实际需要的基本原则。

学校建设必须坚持发扬艰苦奋斗、勤俭办学的精神，树立成本意识和效益观念，要在设施配置和管理中体现“效益最大化”。

新校区各个独立区域的建设都要能体现教育特点，反映天中的历史底蕴，渗透天中的文化精神，还要能满足课程改革要求。

2. 搞好图书馆建设。图书资料要做到文理学科兼顾，课内课外兼顾，

报刊书籍兼顾，国内国外兼顾，科普文学兼顾，文字电子兼顾，满足师生需求，进行逐步配置，要根据师生的需求和社会发展的变化及时补充，要把图书馆建成师生学习的重要场所。

3. 加强实验室建设。要按国家标准和实验课要求配齐、配足实验设备并充分利用，要积极组织学生参加实验，培养学生的实验动手能力。

4. 积极配置艺术和体育设施。从有利于提高学生的艺术感受力、鉴赏力、表现力和创造力的角度出发，来配置艺术设施。要按国家标准和实际需要来添置体育设施，并积极指导和组织师生开展各种活动。

5. 认真搞好后勤服务工作。本着为教学服务、为师生服务的工作宗旨，认真管好财和物。要增收节支，民主理财，合理安排好办学经费。要加强对学校有形资产的管理。对社会化服务的项目要有力地进行监管，为师生创设一个良好的生活环境。

（六）切实加强领导，保证学校稳步发展

1. 加强学校领导班子建设。要调整和充实学校领导班子，要积极培养年轻干部，形成一个结构合理、团结合作、民主平等的战斗集体。领导干部要加强道德修养、理论修养，发扬实干精神、开拓精神，增强创新意识、服务意识，做到廉洁自律，不断提高自身素质。

2. 不断完善和创新管理体制。要根据需要调整学校内部职能机构，明确其工作职能。要加强年级建设，协调好职能部门和年级组之间的关系，形成相互支持、运转高效的工作机制。

3. 要不断完善各项规章制度。要模范执行国家的教育方针和教育法规，还要根据学校的实际情况以及变化的形势不断修改和完善各项规章制度，使其具有民主性、可行性和实效性，并得到严格执行和有效实施，以规范办学行为，规范办事行为。

4. 要积极发挥群团组织作用。要加强学校工会和共青团建设，实行民主及校务公开，充分发挥教代会的作用，鼓励教师、学生、家长和社会参与学校的重大决策并监督学校工作。

5. 加强党的领导。学校党总支要按照“三个代表”和“两个务必”的要求加强学校党组织建设、思想建设和作风建设，做好学校重大决策的参谋和监督工作，做好师生的思想教育和管理工作，做好学校精神文明建设的领导工作，保证学校沿着正确的办学方向健康发展。

天长中学第七个三年改革和发展规划

(2006年9月—2009年9月)

一、发展目标

1. 优先发展教育，全面实施素质教育，促进教育全面协调发展，建设学习型社会是实施科教兴国战略的主要举措。在过去的三年里，我校由于市委、市政府的高度重视和大力支持，在全校广大教职员工的共同努力下，取得了不凡的成就，新校区如期建成，教育质量在滁州市名列前茅，办学实力不断增强，学校地位日益提高。

2. 今后三年是国家全面建设小康社会的关键时期，也是教育发展的极好时期。我校发展也遇到了非常有利的条件和机遇。全面普及高中教育，全面实施高中新课程改革将有力地推动学校的发展和改革。地方经济的发展和财力的增强，将有效地支持学校的发展和改革。学校基础设施和师资队伍等办学条件已基本适应办学规模的需要，学校内部运行机制和管理办法已基本适应学校发展的需要，后勤服务社会化的成功实施也为教育教学提供了一定的保障。外部环境和内部条件都对学校今后一段时期内的发展十分有利。

在前进和发展的道路上还存在不少困难和问题，新的课程改革还缺乏实施的经验，办学条件还不能完全满足教育教学的需要，青年教师的成长还需要有一个过程，教师队伍建设还需进一步加强，学校的经济压力还相当大，学校的管理机制和模式还需进一步完善，校际之间的竞争将十分激烈，我们要有强烈的忧患意识和高度的历史责任感。

3. 根据地方经济和社会发展的总体要求及教育发展规划，我校“七三”时期要努力实现以下目标：

——办学规模实现最大化。逐年扩大招生人数，到 2007 年每个年级达 20 个班，在校学生达 3600 人左右，以后保持基本稳定。

——师资队伍基本稳定。逐年充实专任教师，建成一支结构合理、素质良好、满足需要的教师队伍。专任教师中硕士研究生达到一定的比例。

——基础设施满足需要。根据实际情况逐步添置教学设施，做好基础设施和校园环境建设，以满足师生教学和生活的需要。

——升学人数逐年增加。教育教学质量稳步提高，高考本科上线人数逐年增多，保持滁州市前列的名次，尤其是一本人数要逐年增加。

——职工福利逐年提高。兴建教师宿舍区，教师的各种福利待遇有所提高，教师的健身活动场所有所增加。

——制度建设更加完备。健全完善学校行政和教育教学的各项管理制度，使学校管理更加制度化、民主化、规范化。

4. 今后三年保持学校健康、持续、稳定地向前发展，要以邓小平理论和“三个代表”重要思想为指导，以科学发展观统领学校的教育教学改革，坚持以发展为第一要务，坚持以素质教育为目标，坚持以教学质量为中心，坚持以人为本，努力把我校建成全省知名的学校，力争晋升为国家级示范高中。

5. 提升学校的办学品位是一个持续的过程。我校要发扬“与时俱进，和谐发展”的校风，发扬“求真、求实、求新、求美”的教风，发扬“勤奋进取、诚实谦逊”的学风，坚持“以发展把学校做大，靠质量把学校做强，用管理把学校做优”的工作思路，坚持“注重发展教真人，开发潜能育全才”的办学理念，坚持以人为本和依法治校相结合的原则，坚持实施课程改革和校本研究相结合的原则，坚持素质教育和特色教育相结合的原则，坚持发展规模和提升质量相结合的原则。

二、推进课程改革

1. 确立新的教育目标。要克服片面追求升学率的倾向，确立追求人的全面发展和提高人的综合素质为教育目标，从课程设置、教学安排、课外活动、学校环境、文化氛围、后勤服务等方面都要体现这一育人目标。

2. 实施新的课程体系。成立学校课程指导委员会，统筹负责学校新课程的实施、管理和评估。按国标要求开齐必修课程，逐步开好各类选修课，开好技术课程和综合实践活动课程，在实践中不断加以完善。

3. 推进课堂教学改革。要搞好新课程教学改革，优化教学环节，从“满堂灌”向学生主动、互动、自主学习转变，逐步推进信息技术与学科课程的整合，积极探索自主、探究、合作的学习方式，逐步形成一种与新课程相适应的课堂教学方式和学习方式。

4. 加强教学管理制度建设。要建立并逐步完善学生选课指导制度，探索适应新课程需要的教学组织形式。要建立学生学分管理制度，精心安排，坚持标准，规范操作。要做好教师、场地、设备等人力和物力资源的重组和优化，充分利用现有资源，确保新课程实施的需要。

5. 积极利用、开发课程资源。要积极利用学校图书馆、阅览室、实验室、多媒体教室等场地和设施设备，引进、开发、利用好报刊、杂志、电子教材、多媒体课件、网络课程等多样性课程资源，还要因地制宜地开发技术课程资源、综合实践课程资源。

6. 加强新课程实验研究。组织教师参加各种培训、进修，建立以校为本的教学研究制度，做好新课程的教学研究，要落实好集体备课、公开课和课题研究，以此作为校本教研的实施平台，对新课程实验中遇到的困难和问题积极地组织研究并及时解决。做好省级高中新课程实验样本校的实验经验的总结工作，为全市普通高中课程改革提供成功的经验。

7. 建立科学的评估制度。根据新课程背景下的办学评估办法，建立新的教学评估制度，努力营造新课程的学校环境和社会环境，要组织力量开展对新课程背景下的高校招生制度改革和考试制度改革的研究，做好课改与高考的对接工作。

三、加强教师队伍建设

1. 优化配置教师资源。根据逐年增班和实施新课程的实际需要，从高等师范院校选招优秀毕业生，优先录用硕士研究生；从其他普通高中选聘中青年骨干教师，要做好选修模块教师的配置，确保数量足够，结构合理。

2. 提倡教师终身学习。不断学习是当代教师的一种责任。要营造浓厚的学习氛围和构建教师学习平台，鼓励和引导教师学习教育理论、教学业务，更新知识结构。学习形式以自我学习、相互学习、集体学习为主。要求教师每年订阅一份教师刊物，三年至少学习一本教育理论书籍，进行自学；通过开设讲座、集体备课、听课评课、主题研讨等形式进行相互学习；利用校会、年级会、教研会以及继续教育进行集体学习，通过不断学习来促进教师专业发展，不断确立新的教育理念。

3. 不断提升师德水平。一是高尚化。用社会主义荣辱观引领教师思想道德建设，把“八荣八耻”作为教师的道德遵循。二是规范化。用教师职业道德及校纪校规来要求规范教育行为，纳入常规考核之中。三是人本化。用“以学生发展为本”的理念去倾心关爱每一位学生。四是和谐化。用和谐的人际关系，去凝固学校的团队精神，要达到“三无”，即无教学事故，无体罚学生，无违法乱纪。切实做到“精心钻研业务，倾心交流合作，全心服务学生”。

4. 重视培养年青教师。青年教师是学校发展的重要资源。三年后绝大部分青年教师都要成为合格教师。要继续采取师带徒、结对子等措施，帮助其成长；继续采取评先进、树典型等措施，引领其成长。要为青年教师施展才华搭建平台，为青年教师提高知名度营造氛围，为青年教师解决生活困难提供便利。

5. 全力培养知名教师。知名教师是学校发展的主要支柱。要努力培养和推出一批在市内外有影响的知名教师。要有意识地培养特级教师，力争达专任教师的3%以上；要着力培养骨干教师，力争各学科都有市级学科带头人；要着力培养一批校级中青年骨干教师，增强学校发展后劲；要制定倾斜政策，鼓励优秀人才脱颖而出。

6. 加强班主任队伍建设。要做好班主任的选聘和培养工作，注意对年青班主任的培养和使用，要加强对班主任的培训工作，不断提高班主任专业水平和工作能力。

7. 修订完善考评制度。要根据教育形势的发展和新课程改革的要求，以德、勤、绩为主要内容来修订教师考评制度，形成一个公平、公正、合理的竞争机制。

四、全面提高教育质量

1. 转变质量观念。坚持德育为首，五育并重。正确处理好实施素质教育和提高高考成绩的关系，做到以教学改革来提高质量，正确处理好实施新课改和教学管理制度变革的关系，做到循序渐进，不断创新。总之，要把学生主动学习、全面素质的提高和高考成绩的提高有机地统一起来，全面、大幅度地提高教育质量。

2. 加强德育工作。以社会主义荣辱观为引领，以贴近青少年为主旨，以加强思想道德建设为核心，以严格学生的言行规范为重点，进一步加强和改进德育工作。要着重抓好四项工作：一是抓好青年党校建设，不断丰富教学内容，不断增加学员人数，切实把青年党校办成对学生进行思想政治教育的主阵地。二是加强班级建设。要把班级建成具有内在凝聚力和群体个性的、由学生自主管理的、生动活泼的班级集体。三是开展各种活动。要针对青少年的特点，精心设计和广泛开展经常性的、大众化的、参与面广的、实效性强的校内外活动，设置生动活泼、怡情启智的文体科技兴趣小组和社团组织，开展磨炼意志品质、增强团队精神的训练活动，开展经常性的保洁劳动。四是加强心理健康教育，通过分别谈心、心理咨询、专家辅导等方式，做好学生的心理调整工作，培养学生健康的人格。

3. 强化教学改革。一是加强课堂教学改革。教师要转换课堂中的角色定位，改变课堂教学中的关注重心和行为方式，在有效地提高课堂教学质量上不断探索，不断反思，不断创新。二是开展差异教育。要按照新课程标准来办好理工实验班，为一流学校输送更多的高材生，实施“英才教育”。要更加注重对基础薄弱的学生开展以夯实基础为特征的“薄弱教育”。三是要抓好艺体特长生的专业课与文化课的教育。四是要抓好学生学习方法的指导，教会学生“会学”。

4. 重视体卫工作。积极开展群众性的体育活动，组建教师和学生各类专业球队和田径队，提高竞技水平。办好体育节，认真上好“两课一操”，切实提高体育课的教学质量，逐步添置必需的体育器材，不断完善体育设施。要开展经常性的学生健康教育，高标准地做好校园保洁工作，切实做好群体流行病的预防工作。

5. 提升艺术教育水平。要充分利用现有的艺术教育人力资源优势，坚持大众艺术教育和专业特长培养相结合的原则，进一步提升艺术教育水平，不断丰富艺术节的内涵。

6. 加强“校本”研究。要进一步确立“用教研促进教学质量持续提高”的质量发展理念，做好在新课程实施过程中的课程设置、教学模式、教学形式的研究；做好教学问题的行动研究；做好推进新课程与高考改革的研究，每年邀请专家来校作专题讲座，用校本教研促进教师专业成长，建立“研究型”学校。

五、打造文明校园

1. 构建优美校园。实施“绿色”工程，三年内按规划分期完成校园空地绿化和景点建设，形成一个有特色、高品位的生态校园环境。实施美化工程，本着实用、节约、美观的原则，配齐校园的地灯、路灯和草坪灯。实施配套工程，按规划做好路面、广场的后续硬化铺设工作，架设“状元桥”。实施完整工程，按校园整体规划，启动“天源公司”拆迁相关工作。

2. 构建网络校园。建立学生信息、教师信息、教学信息、行政信息等数据库，以电子校务建设来推动校园信息化。根据教学和办公需要，适当添置电脑，增加多媒体教室和必需的电教设备。加强对学校网络的管理，接受远程教育，建好天中网站，制定网络使用和管理办法，加强校园网络的安全和维护。

3. 构建文化校园。从传承学校厚实的文化底蕴和营造积极向上的育人氛围出发来加强校园文化建设，建成升旗广场、文化广场、校前广场、魁星亭、状元桥、状元墩等文化景点。用名人画像和师生书画点缀校舍廊壁，本着规范、简洁、有个性的原则布置教室，倡导师生推广普通话，使用规范字，开辟宣传栏，开展师生书画比赛活动，开辟教师文化活动场所，布置好校史展厅，要逐步形成一个独特的校园文化。

4. 构建安全校园。建立师生安全教育制度，不断增强师生安全意识，高度重视校园内的消防安全、大型活动安全、教学活动安全、饮食住宿安全以及交通安全。要加大力度排除各种安全隐患，不断完善值日、值班和门卫制度，建立警校联防制度，进一步完善安全责任制和追究制，确保每位师生安全地学习和生活。

5. 构建和谐校园。以人为本、和谐民主是学校发展的主要特征。营造一种人与人之间讲宽容、求团结、共发展的和谐氛围，营造一个师生爱护环境、环境哺育师生的和谐校园，营造社会各界都能支持学校发展的外部条件，构造讲民主、讲正义、讲正气的内部环境。

6. 加强宣传工作。要加强校内宣传设施建设和宣传队伍建设。要通过新闻媒体加大对学校办学成就和先进教师事迹的宣传力度，不断提高学校的知名度。

六、做好保障工作

1. 加强组织保障。学校党总支要在加强党组织思想建设、组织建设和作风建设的同时，抓好学校的班子建设和师资队伍建设，把握好学校的发展方向、师生的思想动态，做好学校各项工作的保障工作。充分发挥广大党员教师的模范带头作用，促进教育教学工作的持续发展。工会、团委会要认真地行使权利，履行义务，为协调关系、凝聚合力而积极地开展工作。

2. 加强班子建设。要不断加强班子的思想建设，进一步建立各班和年级工作职责，着力提高班子成员的行政能力和思想水平。不断提高班子成员工作的主动性和高效性。努力建设一支讲奉献、讲正气、讲团结、讲廉政的战斗集体。

3. 加强制度保障。本着从严管理、依法治校的原则，根据实施新课程的情况，要修订和完善各种行政管理和教育教学评价制度，使其具有科学性、公正性、针对性，对涉及学校发展、人事、招生、基建、评优等重大事项坚持集体决策，实行校务公开，民主管理，保证学校各项工作有章可循，稳定发展。

4. 做好财力保障。要积极地筹措办学经费，在争取政府支持的同时，要做好学校增加收入的开源工作。还要做好节流工作，坚持勤俭办学，在保证正常运转的情况下，逐步还贷，减轻学校经费压力。要加强学校财务的核算和决算，加强财务的计划管理。

5. 做好服务保障。要积极配合物业公司做好师生服务工作，不断提高服务意识和服务质量，办师生满意的食堂、学生满意的公寓。提高公寓入住率，培养学生的集体主义观念和团结互助、刻苦学习的优良品质。

天长中学第八个三年改革和发展规划

（2009年9月—2012年9月）

一、基本现状

由于市委、市政府的高度重视和大力支持，教育主管部门的精心指导和全校教职员工的共同努力，我们圆满地完成了过去三年的改革和发展任务，取得了显著的办学成绩。学校管理得到了进一步加强，校风校纪得到了进一步好转，生源质量得到了进一步提高，教育质量得到了进一步提升，校园环境得到了进一步完善，教学设施得到了进一步充实，教师待遇得到了进一步改善，安全工作得到了进一步加强，学校的知名度得到了进一步提升。在这期间学校被评为安徽省第八届文明单位、安徽省教育系统先进集体、安徽省未成年人思想道德建设示范学校，两次荣获滁州市高中教学质量奖。

我们也清醒地看到学校的发展、教师的发展、学生的发展与教育的改革和发展、群众的需求和期望有较大的差距，主要表现：一是拔尖人才的层次和数量与人民群众的期望有差距，二是校内管理的机制和水平与学校发展的速度有差距，三是课程改革的理念和实效与现实的要求有差距，四是办学条件的改善与教育发展的速度有差距，五是办学行为的规范与上级部门的要求有差距。这些薄弱环节将是我们今后工作中必须加强的地方和努力的方向。

二、指导思想

今后三年我们工作的指导思想是认真贯彻党的十七大精神，以邓小平理论和“三个代表”重要思想为指导，深入贯彻落实科学发展观，以《国家中长期教育改革和发展规划纲要（2010—2020年）》为纲领，坚持全面贯彻党的教育方针，培养德智体全面发展的社会主义建设者和接班人；坚持育人为本，德育为先，加强和改善学生的思想政治工作；坚持学校发展，教师为本，加强师德建设，培养一流师资；坚持内涵发展，质量为本，加强教学管理，建设优质教育；坚持改革创新，发展为本，加速二期工程，建设优美校园。坚持"靠发展把学校做大，用质量把学校做强，凭管理把学校做优"的工作思路；坚持"注重发展教真人，开发潜能育全才"的办学理念，通过艰苦探索和扎实的努力，全面提升办学水平，不断推进学校的发展，办好人民满意的教育，为创建省级优秀示范高中进而成为江淮名校而作出不懈的努力。

三、总体任务

教师队伍建设——师德水准得到进一步提升，无违规违纪违法事件；教师业务能力得到进一步提高，绝大部分能基本胜任高三工作；骨干教师数量得到进一步增加，每个学科都有市级以上骨干教师和学科带头人，增加特级教师3—5人；教师的福利待遇逐年得到提高。

教育教学质量——教育教学质量得到全面提高，学业水平测试一次性合格率达98%以上，保持滁州市同类学校前列位次，达到全省示范高中上游水平。逐年提高高考达线率，力争三年后本科率达80%以上，其中一本占达线人数的50%以上，考入清华、北大等一流名校的人数逐年增多。学科竞赛力争有人进入省一等奖。

体育健康工作——学生体育健康水平得到明显提高，进一步完善省体育传统项目学校的各项管理措施，积极开展"阳光活动"，树立"健康第一"的指导思想，力求降低学生的近视率，使学校无重大传染流行病蔓延，竞技比赛在本市保持前位，在省、滁州市要有人获奖。每年有一定数量的体育特长生考入本科院校。

艺术教育工作——学生的艺术欣赏和审美能力以及艺术才能得到进一步地提高，保持艺术教育在全市的优势和名次，每年有一批美术、音乐特长生考入本科院校。

校园环境建设——向政府争取做好“天源公司”的搬迁工作，启动室内体育馆建设，做好运动场塑胶跑道，做好休闲区的绿化、美化工作，完善校园内各种功能，以基本满足教育教学需要。

网络设施建设——所有教室都安装好多媒体教学设施，实现“班班通”，配备数字实验室、数字语音室、数字图书馆和通用技术实验室，实现电子备课和教学，构建数字校园、网络校园。

教育教学研究——构建适应新课程实施、适合校情发展的校本研究机制。申报并研究省级以上课题 3—5 个。

学生德育工作——构建一个有力的管理机制，探索一套有效的教育途径，校风、班风、学风纯正，学生文明程度、道德水准和法制意识有明显提高。

校园文化建设——校舍建筑达到大气厚重，校园环境达到优美怡人，学校管理达到科学民主，师生精神达到勃勃向上。保持省级文明单位，进而争创国家级文明单位。

四、发展措施

1. 不断深化教育改革。要坚持贯彻落实党的教育方针，遵循教育规律，培养全面发展的人才，不断更新和确立新的教育理念，在管理模式、教学内容、教育方法、评价方式上进行大胆的探索和改革。在管理模式上，注重发挥社会、家庭、教师各方面参与管理的积极性，增强学校办学自主权，提供满意的教育服务。在教育内容上，要注重实施德智体美劳全面的教育。在教育途径上，要注重理论与实践的结合。在教育评价上，要重视学生基本知识的掌握、基本技能的训练和良好品质的养成。

2. 大力推进课程改革。要认真执行国家和省颁课程实施方案，不断学习领悟新课程标准，不断培育先进的教学理念，引导教师注重启发式教育，激发学生的学习兴趣，培养学生自主创新的思维，使学生学会学习，树立终身学习的理念。要高度重视和着力提高课堂教学效率，密切关注和积极引进有效的课改信息。要密切关注和顺应高考改革的方向，确保新课程改革有效推进。要抓好实验课和综合实践课，高度重视学生学、思的结合和知、行的统一。

3. 积极开展校本教科研。要牢固确立“以内涵发展为导向，以校本教研为途径，以提高质量为宗旨”的理念。研究教育规律和科学的教学方法，探索和构建提高课堂教学效率的新模式。要研究学生需求和学校资源，着手开发和逐步形成一套适合校情和服务学生的校本课程。要研究和改进体育教学和艺术教育，提高学生健康素质和审美能力。要坚持和完善备课组集体活动和课间相互磋商，坚持课题研究和行动研究相结合，坚持研究高考改革和教学改革相结合。

4. 继续加强教师队伍建设。一是强化师德建设。引导广大教师充满爱心、忠诚事业，努力钻研、学为人师，以身作则、行为示范，不断激发教师的工作激情和奉献精神。二是加强教师专业发展。要加大青年教师的培养力度，强化中老年教师的助跑功能，开展诸如教育教学论坛、技能大赛等活动，采取有效措施敦促教师不断学习新知识，增强新技能，掌握新本领，提升教师专业水平和发展能力。三是提高福利待遇。积极改善教师生活环境和工作条件，提供外出学习和交流机会，加大继续教育的投入。千方百计地开展有益教师身心和谐、健康的活动。

5. 高度重视思想道德建设。坚持德育为先、育人为本的原则，切实加强对学生进行政治思想、道德人格、法制安全、心理健康等教育，着重抓好爱国主义教育、诚信教育、感恩教育，倡导和引导学生具有海纳百川的胸怀，自强不息的意志，敢为人先的毅力，诚信高雅的气质，向上善美的品格。要坚持已经形成的一套行之有效的教育形式，同时要根据形势的发展加以创新，以增强教育的针对性和有效性。要设计一些富有教育意义、充满滋养功能、有益身心健康的学生活动，培养和鼓励学生自我管理、自我发展、自我完善。要打造一支充满爱心、乐于奉献、善于管理的班主任队伍，抓好学生的常规管理和优良习惯的养成，把思想道德建设落到实处。

6. 努力增强国际合作交流。坚持面向世界，加大对外开放，继续办好中新国际班，努力扩大办学规模和合作范围。充分利用中美高中生合作基地学校这一资源，积极进行中外人才培养的合作交流。选派人员出国考察，学习和借鉴国外教育改革和学校管理的先进经验。

7. 坚持实行科学民主管理。按照示范高中的办学要求不断规范办学行为，带头执行国家的招生政策，认真执行收费标准，广开渠道积极地做好贫困生的资助工作。进一步修订和完善各项规章制度，坚持以人为本，实行民主管理；进一步改革和完善后勤社会化的服务机制，并认真做好监管工作，为师生创造一个良好的生活环境。依据国家相关政策法规，认真做好教职工的岗位聘用和绩效工资改革工作，构建各尽其能、多劳多得的工作机制。

8. 切实加强组织领导。本着提升素质、充实调整、优化结构、有效管理的原则，进一步加强领导班子思想组织建设和效能廉政建设，不断提高班子的领导水平和能力。要进一步加强党的建设，抓好基层组织建设，发挥党员的先锋模范作用。要进一步加强共青团和工会的组织建设，充分发挥他们在学校管理中的能动作用。要做好年级组、教研组、班主任及职能服务部门负责人的考核工作，构建一个充满活力、政令畅通、相互支持、和谐高效的管理机制，保证学校又好又快的发展。

天长中学第九个三年改革和发展规划

（2012年9月—2015年9月）

教育是民族振兴、社会进步的基石，是提高国民素质、促进人的全面发展的根本途径。为贯彻落实《国家中长期教育改革和发展规划纲要（2010—2020年）》和《安徽省中长期教育改革和发展规划纲要（2010—2020年）》，进一步推动学校各项工作深化改革和稳步发展，根据我校实际，特制定天长中学第九个三年改革和发展规划。

一、现状分析

在市委、市政府的高度重视和正确领导下，在市教育主管部门的精心指导和社会各界的大力支持下，全校广大教职员工凝神聚力，锐意进取，学校各项工作得到了稳步发展，取得了辉煌的办学成就。我校坚持德育为先，学生的思想教育工作得到了不断改进和加强，校风校纪得到了根本性的转变；坚持面向全体学生，不断深化教育教学改革，教育教学质量得到了明显提高；坚持以人为本，不断促进教师朝着专业化方向发展，教师的教学水平有了明显提升；坚持教研兴校，不断创新教学研究形式，校本教研的模式已基本形成；坚持科学管理，模范执行教育政策和法规，办学行为得到了进一步规范；坚持服务保障，不断充实教育教学设施，办学条件得到了进一步完善。学校连续多年荣获滁州市普通高中教育教学质量奖，学校党组织也多次受到上级的表彰。

同时，我们也清醒地认识到，在工作中，还存在着不少薄弱环节，办学理念还需进一步更新，办学模式还需进一步完善，办学质量还需进一步提升，办学条件还需进一步改善，管理制度还需进一步健全，教师待遇还需进一步提高，办学行为还需进一步规范。

二、指导思想

以邓小平理论和“三个代表”重要思想为指导，深入贯彻落实科学发展观，全面贯彻党的教育方针，遵循教育发展规律，坚持育人为本，重视和加强学生思想道德建设，使校风校纪更加纯正；坚持改革创新，不断深化教育改革，使新课程改革不断向前推进；坚持促进公平，面向全体学生，使所有的学生都能得到应有的发展；坚持质量强校，不断改革教学内容和方法，使教育教学质量得到更高的提升；坚持内涵发展，不断完善管理制度，使办学水平再上台阶；坚持“以发展把学校做大，靠质量把学校做强，用管理把学校做优”的工作思路；坚持“注重发展教真人，开发潜能育全才”的办学理念，不懈追求，艰苦努力，自强不息，实现晋升优秀省级示范高中这一战略目标，进而领先滁州、影响安徽，成为江淮名校，为天长的社会、经济和文化发展做出更大的贡献。

三、工作任务

1. 德育工作——坚持育人为本，创新适合学生发展的、学校家庭社会相配合的德育工作新模式，不断探索和努力构建一套具有天中特色的德育工作体系，培养大气、大方、大度的天中学生。继续保持全省未成年人思想道德建设示范学校位次，保持学生零犯罪率记录。

2. 体卫工作——坚持健康第一，全面升级运动场，铺设塑胶跑道，启动室内体育馆项目，添置运动健身器材，提高学生健康水平。控制学生近视率，预防和控制传染性疾病。提高学生竞技水平，在重大比赛中保持全市前位。提高体育教学水平，培养一定数量的体育特长生。

3. 艺术工作——坚持美育育人，提高艺术教学水平，使学生的欣赏能力和审美意识进一步增强，艺术素质得到全面提高，在各级艺术汇演及书画比赛中获胜得奖。培养高质量的艺术特长生，力争有学生考入一流名校。

4. 教学质量——坚持质量强校，全面提升教学质量，确保学业水平测试一次合格率98%以上，优秀率逐年提高；高考本科达线率保持在90%以上，其中一本达线率保持在50%以上，且逐年有所提高；提高高校自主招生通过率，每年有相当比例的人数考入清华、北大等一流名校。

5. 综合素质——坚持素质教育。在提高学生学业素养的同时，更加关注学生的心理健康教育，有效地开展研究性学习、社区服务和社会实践活动、社团活动，开辟校本课程新领域，建立并完善学生综合素质评价机制。

6. 师资队伍——坚持以人为本，打造一支能够胜任高中教育教学的教师队伍和班主任队伍，达到师德高尚，专业能力强，无违纪违法行为。力争每个学科都有市级以上学科带头人，培养在省内有一定影响力的名师。教师福利逐年提高，业余生活丰富多彩。

7. 教学研究——坚持教研兴校，构建适应新课程改革和适合校情的教研机制，激活教研潜力，提高教研实效，创建校本教研示范校，提高课题结题率，在研究新课程改革中有所突破。

8. 教育实施——坚持面向现代化，完善通用技术、信息技术、理化生实验室实施，新增实验设备，升级计算机房和相关电教设备，充实图书馆资料和影像资料，提高使用率。

9. 校园建设——坚持环境育人，打造一个优美、和谐、文明的校园。启动校园二期工程建设项目，推进运动区域和休闲区域建设，丰富校园文化活动，添置校园文化硬件设施，充实校园安全设施。

四、保障措施

1. 全面落实育人为本。把社会主义核心价值观体系融入学校教育的全过程，突出抓好课堂教育、校园文化、社会实践、班主任工作、学校管理五大环节。在课堂教育中，将各门课程蕴含的社会主义核心价值观体系目标和内容有机渗透到教学过程中。在校园文化建设中，以建设优良的校风、教风、学风为核心，以优化美化校园环境为重点，以丰富多彩的校园文化活动为载体，大力营造积极向上的校园文化氛围。在社会实践中，生动地开展理想信念教育、形势教育、国情教育、革命传统教育、国防教育、诚信教育以及法制教育等；组织学生积极参与公益活动和志愿者服务。在班主任工作中，无论是班级日常教育管理还是解决具体问题，无论是常规的教育引导还是处理突发性事件，无论是面向全体还是针对个体，都要体现育人的精神。在学校管理中，把德育教育作为完成教育教学各项任务的重要一环部署落实和检查考核。还要开辟社会资源，开展实践体验活动，发挥关工委的作用，求得家长的密切配合，形成合力，把德育工作落在实处。

2. 深入推进课程改革。把课程教学改革作为一项长期的战略任务，不断向纵深推进。在课程设置方面，按规定标准开齐开足国家课程。开展研究性学习、社区服务和社会实践活动，要积极开发和开设校本课程。要认真执行国家课时计划。在课堂教学方面，要引导教师积极地探索和实践新的教学方法，坚持启发式教学，达到教学相融，培养学生自主学习的能力，精讲精练，控制教辅资料的使用，实现课堂教学的“高效减负”。在质量评价上，要探索建立起品德修养、学业水平、身心健康、学习兴趣、学业负担等因素构成的质量评价体系，改变单一以学业成绩衡量学生发展现状的评估现状，做好学习成长记录，规范《学生素质发展报告手册》的使用要求，科学地做好对学生的过程性评价和终极性评价。在激励机制方面，要鼓励教师在教学第一线进行积极地探索和实践，对行之有效的优秀教学成果进行奖励，并及时总结推广。

3. 积极开展校本教研。坚持“以内涵发展为方向，以校本教研为途径，以提高质量为宗旨”的理念，不断提高教学研究的水平和成效。进一步加强对学科教研组织的建设，增强学科备课组的功能。进一步坚持符合校情的、已被实践证明行之有效的校本教研机制和制度，并从内容和形式上加以完善和创新。高度重视和大力提倡教师课间相互切磋共同进步的有效做法，及时探讨和解决课堂教学中遇到的难题。着重研究在实施新课程中如何有效地提高课堂效率，探索有效的课堂教学模式，促进学生高效学习。积极申报和参与滁州市、安徽省和国家级课题研究，认真总结成熟的教学研究成果，并不断地深化研究并加以实践推广，形成浓厚的教科研氛围。

4. 积极探索办学特色之路。着力进行特色办学和人才培养模式的改革，积极探索适合所有学生发展需要的“适情”教育。一是转变人才培养单一的模式，积极尝试，探索出一条与高校和科研院所合作的机制，让学生走出课堂，走出校门，走向社会，走向大学，走向科研院所，让人才培养模式更加符合时代要求和国家发展的需要。二是要办好创新人才实验班，着重对学生进行实践创新能力的培养和提升，为名校培养出类拔萃的精英人才打好基础。三是继续办好国际班，努力探索中外合作培养创新人才的模式，扩大中新国际班的办学规模，努力提高办学质量，不断拓展合作领域和范围，积极组织师生出境交流学习。

5. 继续加强队伍建设。高度重视和进一步强化师德建设，引导和教育教师热爱事业，热爱学生，甘于奉献，忠于工作，遵纪守法，培养一支师德高尚、受学生欢迎和爱戴的教师队伍。进一步关注和重视教师专业发展，提倡和鼓励教师不断地加强学习、自我提高、自我成长。通过长期的结对拜师、优质课评比、公开课、教学技能比赛等活动，帮助青年教师精益求精，再上台阶。要创造条件，提供机会，努力培养一批在省市范围内有影响的名师。高度重视和进一步改善教师的工作条件和生活条件，积极组织和选派优秀教师外出考察学习，邀请专家学者来校指导交流。积极开展有益于教师身心健康和谐的活动，努力提高教师的经济待遇。

6. 坚持实行科学管理。按科学发展观的要求，体现以人为本、民主管理、依法治校的原则，进一步完善各项管理制度，创新教师、学生评价制度。模范执行国家教育政策和法规，不断规范教育教学行为。在认真执行收费标准的同时，切实做好贫困生三级资助工作。进一步加强校园安全工作，以更加完善的制度、更加明确的责任、更加有力的举措，保证校园安全零事故。认真推进校园文明建设，进一步提高师生的文明水准。认真学习省内外名校先进的管理经验，不断提高管理水平，促进学校良性、和谐、科学地发展。

7. 做好后勤服务保障。进一步加强后勤和教辅队伍建设，根据需要适当充实调整，做好对服务人员的教育和管理，切实做到职责明确，服务到位，保障有力。继续执行和不断完善后勤服务社会化，同时做好监管工作，要积极创造条件，做好师生的保健工作，为师生创造一个良好的生活环境。认真做好校产、校舍、校具等公共设施的保管、维护和检修工作，做好校园建设工程的质量监管，做好财务管理，推行民主理财，开源节流，反对铺张浪费，为教育教学做好优质服务。

8. 切实加强组织领导。进一步加强学校领导班子的思想建设、组织建设、作风建设和廉政建设，不断提高领导班子的领导能力和管理水平，增强领导班子的凝聚力和战斗力。进一步加强党的组织建设，认真学习、深入领会党的十八大精神，充分发挥党员的先锋模范作用，进一步发挥党组织的监督保证作用。健全工会组织，倾听教师的意见和建议，发挥职代会参政议政的职能。加强共青团建设，充分发挥党联系群众的纽带和桥梁作用。进一步加强各职能部门的效能建设，凝心聚力，抢抓机遇，求真务实，狠抓落实，为创建江淮名校而努力奋斗。

天长中学第十个三年改革和发展规划

（2015 年 9 月—2018 年 9 月）

教育是民族振兴和社会进步的基石，教育的本质是人的发展。学校必须全面贯彻党的教育方针，坚持教育为社会主义现代化建设服务，为人民服务，把立德树人作为教育的根本任务，培养德智体美全面发展的社会主义建设者和接班人。为贯彻党的十八大精神，推进和深化教育领域综合改革，促进学校更好更快地向前发展，根据我校实际，特制定天长中学第十个三年改革和发展规划。

一、基本现状

办学历史悠久。天长中学创建于 1928 年，在 87 年的办学历程中，学校由最初的两个初中教学班逐步发展为一所完全中学，1999 年成为安徽省首批省级示范高中，2003 年，学校整体东迁，为进一步发展奠定了良好的基础。

办学规模适度。学校现占地面积 306 亩，建筑面积 4.7 万平方米。拥有 66 个高中教学班，其中国际班 6 个；在籍学生 3450 人，其中国际班学生 300 人；在编教职员工 240 人，其中特级教师 4 人，高级教师 105 人，一级教师 98 人。

办学设施齐全。学校拥有理化生和通用技术标准实验室、艺术楼、图书馆、阅览室、心理咨询室、计算机教室、室外运动场等完备设施，教室配备了多媒体，基本达到了省级标准，满足了教育教学需求。

办学理念先进。学校传承“诚、勤、睦、任、新”五字校训，确立了“注重发展教真人，开发潜能育全才”的办学理念，坚持“以发展把学校做大，靠质量把学校做强，用管理把学校做优”的工作思路，引领学校在科学发展的道路上稳步前进。

办学成就显著。学校始终坚持“育人为本，德育为先”的方针，逐步形成了正面教育、活动引导、全程管理、全员共抓的德育模式，成效明显，先后被评为安徽省爱国主义示范学校、滁州市德育示范学校。始终坚持“全面提高，亮点突出”的方针，逐步形成了强化教学管理，深化校本教研、重视学科竞赛、注重能力培养的工作机制，成绩优异，高考本科升学率达到93%，连续多年荣获滁州市普通高中教学质量奖。始终坚持全面发展、艺体并重的方针，逐步形成了“继承传统，内外结合，丰富创新，拓展延伸”的育人思路，学生的综合素质得到了较大的提高。

学校在发展过程中也遇到了不少困难，还存在着不少薄弱环节。校园建设二期工程尚未启动；不少教学设施和设备老化，亟须更新；办学经费严重紧缺，制约了教师待遇的提高和学校建设的发展；办学质量还需再提高，尤其是在英才培养方面需寻找新突破；办学理念还需进一步更新，教育教学研究、新课标实施、高考改革的探索与实践等还显得薄弱；学校管理在精细化、科学化、规范化方面尚需再上台阶。

二、指导思想

以十八大精神为指针。全面贯彻党的教育方针，全面实施素质教育，把立德树人作为学校的根本任务，全面深化教育教学改革，全面推进依法治校、依法执教，着力提高教育质量，办好人民满意的教育。

以育人为本为基本要求。坚持以学生为主体，教师为主导，充分发挥学生的主动性，把促进学生成长作为学校工作的出发点和落脚点；关心关爱学生，促进学生主动、生动活泼地发展；尊重教学规律和学生身心发展规律，为每个学生提供适合的教育，注重实践活动，培养学生创新能力和社会责任感。

以改革创新为强大动力。学校的发展关键在改革，要改革教学内容、方法和手段，创新人才培养机制，顺应高考改革；要改革用人制度，建立和完善教师竞争上岗和绩效管理机制，提高工作效能，激发学校和个人发展的活力。

以提高质量为核心任务。树立科学的质量观，把促进人的全面发展、适应社会需求作为衡量教育质量的根本标准；树立以提高质量为核心的发展观，注重内涵发展，努力办出特色，办出水平，出名师，育英才；完善管理制度，强化教学环节，加强教师队伍建设，大力提高教育质量。

三、发展目标

1. 稳定办学规模。为满足人民群众享受优质教育资源的需求，根据我校办学条件，办学规模稳定在每年 22 个班，招生数在 1100—1200 人，班额控制在 50 人左右，其中与新加坡华盛集团联合举办的国际班每年招生 100 人。

2. 提升办学水平。坚持科学兴校、依法治校、质量立校，不断提升学校现代化水平和办学品位。到建校九十周年，力争校园完整优美、设施齐备先进、教师结构合理、教学质量上乘，跻身安徽省优秀示范高中行列，成为领先滁州、享誉安徽的江淮名校。

3. 办出自己特色。坚持正确的人才观、质量观、学生观，注重培养学生的实践能力和创新能力，通过丰富多彩的活动，健全学生人格，提升综合素质。开发潜能，培育特长，为学生自主发展、人生规划、职业选择打下基础，为高校培养和输送更多更优秀的人才。

4. 打造优秀队伍。以习近平同志做好老师“要有理想信念、要有道德情操、要有扎实学识、要有仁爱之心”的要求，积极引领广大教师提高自身修养，刻苦钻研业务，争做优秀教师；以教师发展为本，以创新为动力，优化和谐发展的教师资源，促进教师专业化发展，努力建设一支适应现代教育要求、研究水平高、创新力强的师资队伍；培养一批具有新的教育理念、勤于实践、敢于创新、有较好的教学方法和教学效果、有较强的教科研能力和应用现代教育技术能力的骨干教师、教学能手、学科带头人、专家型教师。

四、工作任务

1. 坚持德育为先。一是不断丰富德育教育内容。加强政治思想教育，把社会主义核心价值观融入学校教育的全过程，引导学生形成正确的世界观、人生观和价值观；加强理想信念教育和道德教育，加强以爱国主义为核心的民族精神教育，加强中华民族优秀传统教育和革命传统教育，加强社会主义荣辱观教育，培养学生团结互助、诚实守信、遵纪守法、艰苦奋斗的良好品质。加强学生行为习惯养成教育、公民意识教育，教育学生做现代社会的文明人，培养大气、大方、大度的天中学生。二是不断创新德育教育形式。上好政治课，办好青年党校，组织社团活动，组织好周一升旗仪式、入学前军训、主题班会、志愿者社会活动等，把德育教育渗透于教学的各个环节，贯穿于学校教育的各个方面，不断提高德育工作的吸引力和感染力，增强德育工作的针对性和实效性。三是不断构筑德育工作体系。切实加强班主任队伍建设，发挥关工委作用，办好家长学校，构建学校、家庭、社会相互配合的德育工作体系。

2. 推进教学改革。呼应国家招生考试制度的改革，积极推进课程体系改革，真正落实学生在学习中的主体地位。加强国学知识学习和传统文化教育，培养学生自主阅读、积极探究的良好习惯。倾力打造高效课堂，积极试行学科学案，实现高效教学。切实改变教学方法，真正实现启发式教学、参与式教学、探究式教学。积极更新教学手段，科学合理地运用信息技术，使之为教学起到辅助、增效作用。切实减轻学生过量的负担，控制教辅资料的使用，摒弃题海战术，达到“轻负高效”。

3. 创新培养模式。树立“人人成才，多样化人才”的观念，坚持以生为本、因材施教的原则，探索为每个学生提供适合的人才培养模式。一是办好创新人才实验班，着重对学生进行创新精神和实验能力的培养，为一流高校培养精英人才打好基础。二是改革选修课教学模式，增加学生自主选择的机会，创造条件，精心制定选课方案，稳妥实行走班制。三是重视学科竞赛，开展科技比赛，抓好社团活动，加强实验课教学，充分挖掘学生的潜能，培养学生的特长，为参与高校自主招生做好准备。四是继续办好国际班并不断创新，办出特色，同时结盟中外友好学校，加强中外交流学习，开阔办学视野，在培养多元化、国际化人才方面探索新路。

4. 深化教学研究。围绕新课程实施中遇到的新情况，新高考带来的新问题，切实加强校本研究。进一步完善激励机制，调动广大教师参与研究的积极性；进一步创新活动形式，增强校本研究的实效性，组织集体备课、听课评课、公开课展示活动，抓好教学案例的呈现、业务进修学习、教改课题研究等环节，重视教师间相互切磋探讨，共同进步成长。积极参加微课、翻转课堂等新兴教学模式的学习、探索，不断更新理念。进一步加强课题研究，鼓励教师结合教学实践，认真进行教改课题的研究，总结推广有价值的研究成果，引领教师发展，提高教学质量。

5. 加强艺体教育。坚持“五育”并重，全面发展，重视和加强体育和艺术工作。加强体育课教学管理，规范体育课教学环节，提高体育课教学水平。组建学生足球队、篮球队和健美操队，积极开展大课间和课外体育活动，不断增强学生的体质体能；继续办好年度体育节和田径传统项目比赛，添置运动、健身器材，为师生的体育健身活动提供物质基础。

加强美术、音乐课教学，着力培养学生的艺术修养和艺术特长，增强学生欣赏、鉴赏和审美能力，不断丰富充实艺术节的内容，确保在市一级的竞赛中获大奖，培养高素质的艺术特长生，力争有学生考入一流艺术名校。进一步重视和加强师生心理健康教育，保障师生幸福快乐地学习、工作和生活。

6. 提升队伍水平。第一，加强师德师风建设。加大师德宣传，加强师德管理，严格师德考核，强化师德监督，突出师德激励，塑造天中教师“健康、大气、儒雅、亲和”的良好形象，形成崇德重德的优秀校风。第二，加强名师队伍建设。创造条件，提供平台，促进青年骨干教师脱颖而出；制定激励措施，支持并利用名师工作室孵育名师；鼓励教师积极晋升特级教师、市级以上的学科带头人、骨干教师、教学能手。第三，大力促进教师专业发展。要求教师每学期至少读一本专业书籍，每年撰写并发表一篇学科论文，展示一次对外公开课，参加一次教学技能比赛，引领教师在专业发展上更上层楼。第四，完善教师激励机制。继续坚持推行和不断完善校内教师选聘制，逐步实行班主任选聘制；坚持推行和不断完善校内绩效工资管理制度，坚持实行待遇和效能挂钩制度，敦促和引导教师爱岗敬业，健康成长。

7. 完善办学设施。力争完成校园二期工程建设，建成室内体育馆；筹备走班教学所需的教室；添置仪器、图书和教学设备；加固运动场东围墙并配建看台；更新升级部分办公电脑，建设网络校园；软化校园道路，更新绿化校园，美化育人环境。

8. 建设校园文化。校园文化是综合办学水平的象征，是彰显学校个性魅力与办学特色的软实力，更是培养适应时代要求的高素质人才的内在需要，是学校建设发展的重要内容。本着广泛征求意见，群策群力，研定规划方案，逐步实施的原则，建设好环境文化、精神文化、制度文化，重点构筑室内外文化墙面、校园特色景观和河西文化长廊，复建传承天长中学悠久历史文化的标志性建筑，建设书香校园、人文校园，打造昂扬向上、团结进取的校园文化。

五、保障措施

1. 加强组织领导。进一步加强领导班子的组织建设、思想建设、作风建设，着重抓好领导班子成员的政治思想教育，努力提高领导水平和管理水平，同时，加快年轻干部的培养和任用，打造一个清廉、务实、团结、创新的领导集体。进一步加强学校党组织的监督保证作用，着力提高教职员工的思想政治水平。加强工会和团委会建设，强化职代会参政议政的职能，发挥共青团的助手作用，做好联系师生、关心师生、倾听呼声等工作。进一步加强中层管理部门的职能和效能建设，发挥主观能动性，创造性地开展工作，着力推进和落实，确保学校各项工作高效、快捷，有条不紊。

2. 坚持依法治校。转变管理思维，规范办学行为，进一步加强学校制度建设，完善学校的各项管理制度，形成讲规矩、用规矩、守规矩的良好氛围，从行政治校转向依法治校。进一步规范办事行为，做到凡事有准则、有程序、有监督、有负责。进一步规范办学行为，模范执行国家的教育政策和法规。进一步依法维护师生的合法权益，凡重大决策、重要事项，必须反复酝酿，由教代会全体代表通过实施，使学校管理做到法治化、人性化、精细化。

3. 打造平安校园。强化师生安全教育，加强校园安全管理，健全校园安全责任制，确保师生在校工作、学习、生活的平安。完善办学设施，努力将校园二期工程纳入政府民生工程之中，早日实现校园完整化。多方筹措经费，确保教学设施设备维修的常态化，保证教育教学的需要。

4. 强化宣传工作。坚持正确的舆论导向，弘扬正能量。办好《天钟报》《天中校刊》、天中网站，添置校园大屏幕电子屏，扩大宣传阵地，充实宣传内容；充分利用校内外媒体，及时宣传学校的教育活动和办学成就，提高学校的知名度。坚持校务公开、信息公开，提高办学的透明度和社会知晓度。

5. 做好服务保障。进一步加强教学辅助和后勤队伍建设，根据需要充实调整，同时，做好对服务人员的教育和管理，切实做到职责明确、服务到位。继续实行和完善后勤服务社会化，学校认真做好监督工作。认真做好校产校舍校具的维护检修工作。认真做好民主理财、开源节流工作，为教育教学提供优质服务。

未来三年，挑战和机遇并存，全校师生员工要发扬“驰而不息，进无止境”的精神，心无旁骛，埋头苦干，为实现规划的各项目标而共同奋斗。

天长中学第十一个三年改革和发展规划

（2018 年 9 月—2021 年 8 月）

党的十九大报告提出："建设教育强国是中华民族伟大复兴的基础工程，必须把教育事业放在优先位置，深化教育改革，加快教育现代化，办好人民满意的教育。要全面贯彻党的教育方针，落实立德树人根本任务，发展素质教育，推进教育公平，培养德智体美全面发展的社会主义建设者和接班人。""加强师德师风建设，培养高素质教师队伍，倡导全社会尊师重教。"这是党中央对教育事业作出的又一次高层设计和战略决策。近五年来，中央对教育改革与发展指明了正确的方向。为贯彻党的十九大精神，积极推进和深化教育领域综合改革，全面落实新课标、新教材、新高考，促进学校更好更快地发展进步，结合我校实际，特制订天长中学第十一个三年改革和发展规划。

一、基本现状

办学历史悠久。天长中学创建于 1928 年。在 90 年的办学历程中，学校由最初的两个初中教学班逐步发展为一所完全中学（1958 年），1999 年成为安徽省首批省级示范高中。2003 年，学校整体东迁，为进一步发展奠定了坚实的基础。

办学规模适度。学校占地面积 306 亩，建筑面积 5.5 万平方米。拥有 66 个高中教学班，其中国际班 6 个；在籍学生 3300 人，其中国际班 300 人；在编教职员工 253 人，其中正高级教师 1 人，特级教师 4 人，高级教师 105 人，一级教师 98 人。

办学设施齐全。学校拥有功能齐全的教学楼、实验楼、艺术楼、图书阅览室、通用技术标准教室、心理咨询室、计算机教室、运动场等。配备了班班通电子白板，建成了高一年级智慧校园现代化教学信息技术系统，全校教师使用平板电脑进行多媒体教学。

办学理念先进。学校传承“诚勤睦任新”五字校训，确立了“注重发展教真人，开发潜能育全才”的办学理念，完善了校风教风学风，促进学生德智体美全面发展。

办学成就显著。学校始终坚持“育人为本，德育为先”的方针，逐步形成了正面教育、活动引导、全程管理、全员参与的德育教育模式，成效明显，被评为安徽省爱国主义教育示范学校、滁州市文明单位标兵、滁州市文明校园、滁州市德育示范标准学校。始终坚持“全面提高，亮点突出”的教学目标，形成了强化教学管理，深化校本教研、重视学科竞赛、注重能力培养的工作机制，成绩优异，高考达线率保持在92%以上，其中一本达线率65%左右，位列全省县中第一方阵。连年获得滁州市普通高中教学质量奖，成为争创双一流高校的优质生源基地。始终坚持承继传统、拓展创新、内外结合、学用并重的育人思路，学生的核心素养得到较好提升。

学校在发展过程中也还存在一些亟待解决的问题和困难，还存在着不少薄弱环节。师德师风建设要加强，政治学习和党建工作要增强，办学理念要更新，现代化学校管理要完善。二期工程（体育活动中心和图书馆报告厅）要启动，教学设施设备要添置更新；办学经费紧张要解决；教师待遇和工作积极性要提高；办学质量尤其是尖子生培养要巩固强化；新课标、新教材、新高考要研究、实施、入心、落地；依法治校执教的科学化、规范化、精细化要上新台阶。

二、指导思想

以习近平新时代中国特色社会主义思想、党的十九大精神和习近平总书记系列讲话为指针，全面贯彻党的教育方针，全面实施素质教育，全面深化教育教学改革，全面推进依法治校、依法执教，把立德树人作为学校的根本任务，增强学生核心素养，以“四有”标准加强教师队伍建设，稳步提升办学质量，办好人民满意的教育。为实现社会主义现代化强国培养建设者和接班人。

三、发展目标

1. 稳定办学规模。为满足人民群众享受优质教育资源的需求，根据办学条件，将我校办学规模稳定在每年 22 个班，招生 1100 人，班额控制在 50 人左右，其中与新加坡华盛集团联合举办的国际英语教学班每年招生 100 人，2 个班。

2. 提升办学水平。坚持依法治校、科研兴校、质量立校，不断提高学校现代化教育水平和办学品位。在三年时间内，完成校园整体规划建设，使校园完整美丽、设施齐备先进、教师结构合理、教学质量优异，继续保持滁州和全省县中第一方阵的位次。同时，积极探索和实践新课标、新教材、新高考的路径模式，更好地培养和促进学生全面健康地成人成才。

3. 坚持特色发展。深入挖掘和拓展学校办学 90 年来的优良传统和精神特质，赋予“诚勤睦任新”五字校训以新的时代内涵。强化中华优秀文化教育，融入天长地方特色文化和学校文化；强化正确的三观教育，融入丰富多彩的校内外活动；强化社会主义核心价值观教育，融入做合格的学生、市民、公民的理念；强化书香校园的课内外阅读，融入独立思考和实践创新。健全学生人格精神，提升核心素养。开发潜能，培养特长，为学生自主发展、人生规划、职业选择打基础指路子，为高校输送更多更好的人才。

4．打造优秀队伍。一是好教师队伍。以习近平总书记做好老师“要有理想信念、要有道德情操、要有扎实学识、要有仁爱之心”的标准，积极引领广大教师提高修养、铸师魂、树形象、刻苦钻研业务、提升教育教学水平。以家国情怀投入工作、爱教育、爱学生、讲团结、乐奉献，促进专业化发展进步，努力建成一支适应现代教育要求、业务水平高、创新能力强、教育业绩好的教师队伍，涌现更多的骨干教师、教学能手、学科带头人和专家型教师。二是强有力的班子队伍。坚持四个意识，提升政治站位。以现代学校管理理念学习创新实践，做好新时代教育事业和学校工作，业务上示范、行为上榜样、思想上引领，团结带领全校教师努力拼搏、积极进取，不断创造新的办学成绩。着力做好年轻教师的培养，做好班子的新老交替和平稳过渡，确保学校工作有序高效，薪火相传。

四、工作任务

1．坚持立德树人。一是不断丰富德育教育内容，加强政治思想教育，时刻牢记培养什么人的问题，把党的十九大精神和社会主义核心价值观融入学校教育的全过程，做到进校园、进课堂、进脑入心见行动。引导学生养成正确的世界观、人生观、价值观。加强理想信念教育和道德教育，树立为实现社会主义现代化强国的伟大中国梦而奋斗的远大志向；加强以爱国主义为核心的民族精神教育和以改革创新为核心的时代精神教育，加强中华民族优秀传统教育和革命传统教育，把爱国爱党与爱校爱家有机融合，把个人努力奋斗实现人生价值与实现中华民族伟大复兴紧密结合，培养学生遵纪守法、艰苦奋斗、团结互助、诚实守信、孝亲爱友的优良品质。加强学生行为习惯养成教育、公民意识教育，做现代社会的文明人，做大气、大方、大度的天中人。二是不断创新德育教育形式，让德育教育活动丰富多彩、让学生喜闻乐见、踊跃参与。将人文教育与科学教育融入每个学科教学之中，组织好周一升旗仪式、入学前教育、主题班会、志愿者社会活动和校内外社团活动，评选表彰优秀学生、美德少年，精心安排好中华民族传统节日和革命传统节日系列活动，办好青年党校，将德育教育融入学校教育的每一环节。有序组织学生到企业、入社区、进机关、跑田头，参加社会实践，把握时代脉搏，了解家乡变化，针对实际问题，积极想方设法，既为新高考综合素质评价做准备，更是培养学生学以致用、实践创新、职业规划的意识和能力，增强德育工作的吸引力和实效性。三是不断构建德育工作的立体网络体系，加强班主任队伍建设，发挥关工委和社区、群团组织作用，办好家长学校，形成学校、家庭、社会相互关联、密切合作的立体网络，着重关注解决好学生的身心健康、人格取向等方面的问题，让每一个学生健康快乐全面而有个性地学习进步。

2. 推进课堂改革。适应新课标、新教材、新高考改革的教育改革新形势，积极推进课堂改革。一是改革教学模式。倾心打造高效课堂，积极试行学科学案，变一支粉笔一张嘴从头讲到尾的“填鸭式”教学为启发式、参与式、互助探究式教学，彻底扭转“所有内容全教完，会与不会我无关”的不良现象。二是促进学生自主学习。充分培养调动学生学习的主体作用，积极引导学生自主阅读、深入思考、互助探究，提高学习效率。加强国学知识和优秀传统文化的学习，加强课外阅读科学人文书籍的引领，不断拓展学生的知识层面、内涵深度和认知高度，培养家国情怀和个性特长。三是用好现代教育信息技术。教育现代化信息化已是大势所趋，只有适应，不可排斥。首先是人的现代化，必须更新理念，转变模式，学习好掌握好现代信息技术。其次是科学合理运用好信息技术，使之成为教学的必要的辅助手段，提高课堂效率。充分利用挖掘智慧校园的丰富资源，构筑课堂上下、校园内外多种平台，时时处处都能学习，切实减轻学生过量的学习负担，控制机械重复的教辅资料的使用，摒弃题海战术，达到“轻负高效”。

3. 创新培养模式。学生是可爱的，更是可塑的。人人都能成才，人人都能成多样化人才。坚持以生为本、因材施教，积极探索为每个学生提供适合教育的人才培养模式。一是继续办好创新人才实验班，着重培养创新精神实践能力的拔尖人才，为向一流高校输送精英打牢基础。二是改革选修选考教学模式，全面制定选修课程方案，稳妥实施走班教学，开发校本教材，为学生自主选择、特长化发展创设条件。三是重视学科竞赛、科技成果比赛、社团活动，培养专业个性特长，充分挖掘潜能，为参加高校自主招生做好准备。四是继续办好国际班，在现有中新合作办班的基础上不断创新出彩，同时寻求多种合作机会，结盟中外友好学校，请进来，走出去，强化中外合作交流，开阔视野，增长见闻，参与活动，积累经验，培养多元化、国际化人才。

4. 深化教研科研。围绕新课标带来的新导向，新课程实施遇到的新情况，新高考改革的新问题，切实加强研究，探究实施的路径和方式。一是进一步完善教研科研激励机制，调动全体教师参与研究的积极性。严格教科研常规工作考核制度，并与评先评优、职称晋级挂钩，增强约束力。二是广泛开展请进来送出去，强化相互交流切磋，共同成长进步。三是开展好校本研究工作，组织集体备课、听课评课、公开课展示、同课异构等。把继续教育、业务学习进修等作为教学工作的新常态，不断学习，终身学习。四是组织教师参加各级各类业务竞赛，更好地利用微课、慕课、翻转课堂等新兴教学模式，更新传统理念，积极申报滁州市级以上各级科研课题。带着问题导向，发现、解决、提高，确保三年内有更多更高层次的成果获奖，涌现一批教学能手、骨干教师、学科带头人、教坛新星和特级教师、正高级教师、名师工作室主持人。实现科研兴教、名师立校的目标，进一步提升办学水平，扩大学校知名度。

5. 提升队伍水平。第一，加强师德师风建设。以十九大精神为指针，以“四有”好教师为标准，加大学习宣传和管理，严格师德考核，恪守职业道德和社会公德，真正为人师表教书育人，塑造天中教师“健康、大气、儒雅、亲和”的良好形象，形成崇德尊师的优良校风。第二，大力促进教师专业发展。要求每学期至少读一本专业书籍，每年撰写并发表（参赛）一篇学科论文，展示一次公开课，参加一次教学技能比赛，任期内必须有一项滁州市级以上课题研究并结题，引领教师在专业发展上更上层楼。第三，加强名师队伍建设。有了名师，学校才是名校。要创造条件，提供平台，促进中青年教师迅速成长成熟、脱颖而出；更多成立名师工作室孵育名师；鼓励更多教师申评能手、骨干、带头人、优秀班主任、特级教师、正高级教师。第四，完善教师激励机制。继续实施并完善校内教师选聘制，逐步推行班主任选聘制；完善校内绩效工资分配办法，更多地向一线教师倾斜，实行收入待遇与工作效能挂钩，引领教师爱岗敬业，健康成长。

6. 强化艺体工作。坚持德智体美全面发展，促进学生身心健康发展，提升审美水平。一是严格规范、开足开齐体育课；加强“二课一操”管理；开展好阳光体育活动；每天锻炼一小时，增强学生体魄；组织好学生足球队、篮球队和健美操队并参加校内外各类赛事。继续保持省级田径传统学校称号，创新年度体育节、球类大赛、田径运动会比赛形式，培养学生掌握两项以上运动技能并终身受益。二是加强美术、音乐、艺术欣赏课教学，让学生掌握一项以上乐器才艺。着力培养学生的艺术修养、特长及欣赏鉴赏的审美能力；继续办好天中艺术节，组织引导好学生社团活动，定期安排“春之声”合唱团、“艺馨”乐队训练。积极参加校内外各类艺术比赛。三是发现并培养艺体特长学生，力争有更多学生跨入一流艺体名校。四是及时更新运动健身所需器材设施，改善硬件条件，组织师生开展各种课余艺体娱乐活动，进一步重视和强化师生身心健康教育和疏导，保障师生健康幸福快乐地学习、工作和生活。

7. 完善办学条件。一是完成校园二期工程项目，建设室内体育活动中心、图书馆和大型多功能报告厅。二是建成益新楼，备好走班教室。三是按国家一类标准添置实验、艺体器材用品及图书，建设纸质和电子阅览室。四是完成全校智慧校园建设并有效运用。五是完善学校网络、教学办公用电脑配置。六是努力争取办学经费，并在政府政策支持下，逐步提高教师工资收入水平。

8. 建设学校文化。学校文化是综合办学水平的象征，是彰显学校个性魅力与办学特色的软实力，更是培养适应时代要求的高素质人才的内在需要。一是建设好环境文化。积极争取项目和资金，打造好完整美丽校园，整体规划校园特色景点，完备教学区、运动区、生活区功能设施。让楼亭、道路、广场、教室等充满内涵，让树木、花草、翠竹等植物四季芳香，让校园成为学生心驰神往、快乐成长的神圣优美的知识殿堂。二是完善制度文化。科学规范地制定完善学校党建、德育、教学、安全、后勤、绩效考核、校内聘任、文明校园创建、学校章程等一系列规章制度，严格实施制度化管理和民主监督，细化工作过程。把全员、全面、全程管理落到实处，做到点点滴滴无小事，事事处处皆育人。三是提升精神文化。重新建设校史陈列馆，建好校内一周文化长廊，编好校志，用厚重的学校历史文化熏陶人；用艰辛而辉煌的办学历程感染人；用一代代的名师风范激励人；用一批批杰出校友鞭策人。坚定立德树人的信念，丰富扎根讲坛的家国情怀，用心血和智慧教书育人，以实干和奋斗创造新的成就，打造昂扬向上、团结进取、充满正能量的学校文化。

五、保障措施

1. 加强组织领导。一是加强领导班子的思想、组织、作风建设。以党的十九大精神和习近平系列讲话提升政治站位，增强四个意识，提高领导水平和管理水平。加快年轻干部的培养使用，打造好团结务实、创新、清廉的领导集体。二是加强党建工作和党组织的保障监督。充分发挥党员先锋模范作用，加强工会、青年团建设，强化教代会参政议政民主管理职能，倾听一线教师呼声，关心职工生活，改善工作环境，让教职员工安心、全身心投入工作。三是加强校内职能部门管理和效能建设。充分调动中层班子的主观能动性，积极主动地开展工作，确保学校各项工作稳定、有序、高效地开展。

2. 坚持依法治校。转变办学思维，规范办学行为，进一步加强制度建设，完善各项规章制度，形成讲规矩、用规矩、守规矩的良好氛围。进一步规范办事行为，做到凡事有准则、有程序、有监督、有责任、重大事项必须集体讨论决策。把个人权力关进制度的笼子。进一步规范办学行为，严格执行国家的教育政策法规，保障师生的合法权益。

3. 打造平安校园。强化师生安全教育，健全校园安全制度，细化校园安全管理。安全无小事，生命大于天。重点时段、重点区域三级值日必须在岗。消除门卫、实验室、消防等安全隐患。按国家规定，实行校园封闭化管理，堵住不安全通道，严防闲杂人员来往，确保师生高高兴兴进校来，平平安安放学去。

4. 强化教育宣传。坚持正确的舆论导向，弘扬正能量，提振精气神。办好《天钟报》、《天中校刊》、天中网站、广播站，添置并用好电子屏，扩大宣传阵地，丰富宣传内容。充分利用校内外媒体，及时宣传学校教育活动和办学成就，宣传优秀教师和优秀学生，发挥省示范高中的辐射带动作用，提升天中的知名度和影响力。坚持校务公开、党务公开、信息公开，提高办学的透明度。积极争取政府、社会各界和家长对学校工作的支持与帮助，形成办学的合力。

5. 强化服务保障。进一步加强辅助和后勤队伍建设，落实责任制，提高服务水平和质量。继续实行和完善后勤服务社会化，学校切实做好监督和管理。切实做好校舍校具校产的添置、维护保管、台账管理工作。认真做好民主理财、开源节流工作，建设国家级节能示范学校。创建省级文明校园、绿色学校，积极争取办学经费，逐步提高教职工收入水平，增强教师职业的自豪感和幸福指数。

未来三年，挑战和机遇并存。党的十九大开启了中国特色社会主义事业的新纪元。中国特色社会主义进入了新时代，踏上了新征程，也赋予了教育工作者以新使命。天长中学也在90年的历程中翻开新的一页。在党和政府的坚强领导下，全校教职员工要发扬“驰而不息，进无止境”的精神，以奋斗者的昂扬姿态，改革创新，团结拼搏，砥砺前行，为实现规划的各项目标而不懈努力，创造天长中学办学历史上的新辉煌，为办人民满意的教育作出新的更大贡献。

历任校首

天長中学

天长中学历任校首

时　间	校　长	时　间	书　记
1928.9—1931.1	宣啸秋		
1931.1—1932.1	郁国城		
1932.1—1933.1	吴海凡（兼） 王良才（代）		
1933.1—1938.9	宣啸秋		
1938.9—1938.12	邵毓鼎（代）		
1941.9—1941.12	陈舜仪（兼）		
1945.8—1946.9	王良才	1945.8—1946.9	高景平
1946.9—1948.12	刘广灏		
1949.1—1951.7	许采文		
1951.8—1953.1	方碧溪		
1953.2—1955.12	戴　恺		
1956.1—1959.1	葛　健		
1959.2—1966.8	李仲辉	1961.9—1963.1	孔繁星
1966.8—1968.8	陶修德		
1968.9—1969.8	方诗明		
1969.9—1975.8	黄尧明	1972.7—1975.7	黄尧明
1975.9—1981.8	殷亚明	1975.7—1983.9	殷亚明
1981.8—1983.9	章鼎鑫（副校长） 查灿云（副校长）		
1983.9—2002.8	查灿云	1983.9—1994.8 1994.8—2000.8 2000.8—2002.8	章鼎鑫 查灿云 赵桂藩
2002.8—2013.7	陶　宁	2002.8— 2013.7	刘世桃
2013.7 至今	李山林	2017.8 至今	赵可林

宣啸秋 校长
1928.9—1931.1
1933.1—1938.9

郁国城 校长
1931.1—1932.1

陈舜仪 校长
1941.9—1941.12

许采文 校长
1949.1—1951.7

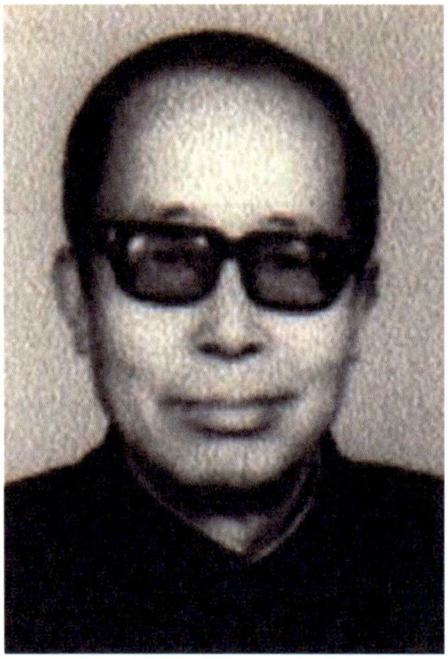

方碧溪 校长
1951.8—1953.1

戴 恺 校长
1953.2—1955.12

葛 健 校长
1956.1—1959.1

李仲辉 校长
1959.2—1968.9

孔繁星 书记
11961.9—1963.1

陶修德 校长
1966.8—1968.8

方诗明 校长
1968.9—1969.8

黄尧明 校长
1969.9—1975.8

殷亚明 校长

1975.9—1981.8

章鼎鑫 书记

1983.9–1994.8

查灿云 校长

1983.9—2002.8

赵桂藩 书记

2000.8—2002.8

陶　宁 校长
2002.8—2013.7

刘世桃 书记
2002.8—2016.11

李山林 校长
2013.7 至今

赵可林 党委书记
2017.8 至今

历史回顾

安徽省天长中学校史（1928—2018年）

天長中学

天钟氨基酸有限公司厂址

状元桥

老校区升旗广场

老校区图书馆

老校区学生公寓

老校区实验楼

老校区实验楼（夜景）

老校区思源亭

老校区教学楼

老校区正门

老校区电教馆

老校区综合楼 图书馆(夜景)

老校区魁星亭

老校区魁星楼（建于 1990 年）

魁星楼

1960 年教职工校门前留影

1955 届初三甲班毕业合影

1955 届校友毕业 50 周年新校区合影

1955 届学生毕业证书

1962 年天长中学第二届理工班全体同学合影

1972 年高二（一）班欢送 4 同学入伍留念

1975 届高二（3）班全体师生合影

1986 年教师节全体教职工合影

1987 届高三（1）班全体师生毕业留念

1987 年军训合影

1990 届初三（2）班毕业合影

1990 届高三（1）班毕业合影

1990 届高三（2）班毕业合影

1990 届高三（4）班毕业合影

1993 届高三（1）班毕业合影

1993 届高三（2）班毕业合影

1995 届高三（2）班全体师生合影

1996 届高三（1）班全体师生合影

1998 届初三（3）班全体师生合影

1998 届高三（1）班全体师生合影

1999 届高三(1)班全体师生合影

2004 届高三(1)班全体师生合影

庆祝建校 70 周年团体操表演

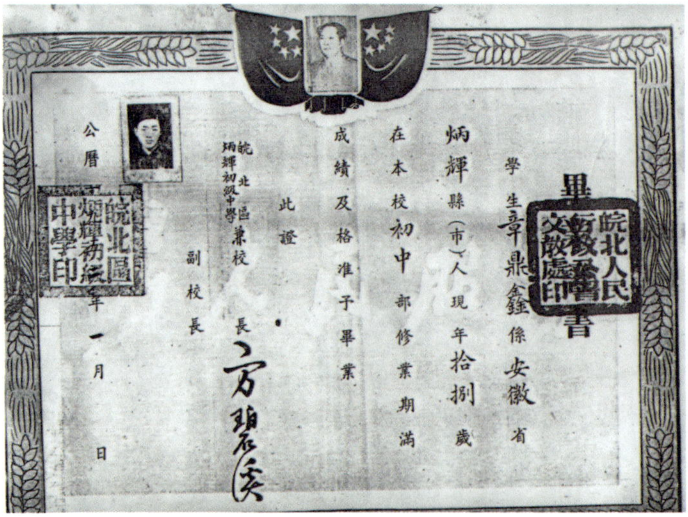

畢業證書

學生章鼎鑫係安徽省

炳輝縣(市)人現年拾捌歲

在本校初中部修業期滿

成績及格准予畢業

此證

皖北區炳輝初級中學校 校長

副校長

公曆 年 一 月 日

首届初中毕业生毕业证书

天长中学首届高中毕业生同学聚会新校区留影

新天中初中八连全体同学毕业留念（1970 年）

学生学工（1970 年代）

学校召开校会（1970 年代）

学生学农（1970 年代）

2018届高三（1）班毕业合影

现代开篇

安徽省天长中学校史（1928—2018年）

天長中學

安徽省天长中学新校区建设工程开工仪式

省厅及滁州市领导为新校区建设奠基培土

市领导为新校区奠基培土

南大门

教学区全景

教学楼

学府广场

生物实验室

生物标本室

.网络教室

魁星亭

园丁风采

安徽省天长中学校史（1928—2018年）

天長中學

天长中学1983年教师（职工）名单

行政组	章鼎鑫（党支部书记） 查灿云（校长） 顾克栻（副校长） 赵桂藩（教导主任） 彭卫东（教导副主任） 汤国春（教导副主任） 夏国柱（团委书记） 郭文兰（团委副书记） 梁中全（总务主任） 陶炳生（总务副主任） 梁　中（教务员） 潘泽民（主办会计） 阙梅珍（出纳）
政史地组	徐瑞林 陈世英 瞿远之 王　鈞 汪海泉 杨服奇 朱元林 唐沛林 汤　泉 徐　勇 龚善章
语文组	裔学成 肖齐福 黄开域 张甲兵 陈元胜 高　华 胡秋芬 张广惠 董　悟 许功建 陆　萍 来浩然 程俊华 叶世斌 陶　毅 许春樵
数学组	张兆麟 潘浩民 谢永永 汪　榆 冯素英 许敦祥 周超贤 肖　静 何巧先 管　宏 董德芬 王顺香 王兰程 薛屏玉 孙家贵
物理组	张云生 徐金高 王全华 袁振珩 郁宗平 张爱琴 陶开芹 汪少伟 夏晓明 王福海 高光明
生化组	董秀如 邵梅生 徐国光 王世政 郭　铭 王海鹏 曹菊芳 徐德才 李　玲 徐　平 郑训阳
外语组	唐　宪 纪页之 崇　婷 周元菊 王　韵 彭淑之 余元菊 凌惠卿 徐佩珠 吴建元 陈　桐
艺体组	杨树桃 曹天铭 瞿智清 朱凤琴 周维彪 魏红星 张校威
总务组	顾庆佳 张秀英 叶寿年 翟寿友 徐春元 高继文 陈华东 崇兰英 黄玉宏 顾学海（顶替） 魏素华（顶替） 宋晓梅（顶替） 陈　惠（招工） 陈华平（顶替） 陈万方（顶替） 潘洁民（招工） 杨建华（顶替） 秦　琍（转正）

天长中学1984—2018年新增教师（职工）名单

年度	新增教师（职工）名单
1984	王九玉（分配） 刘明宇（分配） 李山林（分配） 马利民（分配） 丁怀云（分配） 董永奎（调入） 姜晓平
1985	魏旭东（分配） 王　焱（调入） 吴永国（调入） 王学岚（调入） 李训奇（调入） 梅鸿福（调入） 汪祖烈（调入） 佘恒玉（调入） 杨朝阳
1986	陶洪海（分配） 冀成标（分配） 丁玉科（分配） 赵树杰（调入） 王红艳（调入） 孙建英（调入） 梁　萍（调入） 周海燕（调入） 徐　定 叶素香
1987	冀成明（分配） 施旭恩（分配） 李　勇（分配） 许晓瑾（分配） 洪兆鳌（分配） 赵可林（分配） 陈暖俊（分配） 孙连铸（调入） 徐志宏（调入）
1988	—
1989	金祖勇（分配） 陈曙清（分配） 王荷生（调入） 郭钟玉（调入） 陈益兰（调入） 徐碧霞（调入） 李美娟（调入） 叶联玉（转入） 陈汉兰（转入） 吴长龙（转入） 胡秀霞（转入） 朱元珍（转入） 郭亦阳（转入） 董碧欣（转入）
1990	许　英（调入） 何开陆（调入） 吴建华（调入） 孙金兰（转入）
1991	赵　隽（分配） 杨　青（分配） 杨智勇（分配） 张　红（分配） 黄宏旭（分配） 陆干清（调入） 宣庆九（调入） 邵艳阳（调入） 徐辅山（转入）
1992	陶伦保（分配） 陈重庆（分配） 李正武（分配） 赵海燕（调入） 杨明振（调入）
1993	何　进（分配） 徐厚兰（分配） 宣　捷（分配） 郭少林（分配） 朱长乐（调入） 唐乃倜（调入） 傅家晖（调入） 汪　源（调入） 陈国庆（调入） 潘　昊 汪　岚

续表

年度	新增教师（职工）名单
1994	刘世桃（调任） 王德来（分配） 林志松（分配） 马秀华（调入） 唐传阳（调入） 董凤兰（调入） 李登河（调入） 朱子才（调入） 徐 苓（调入） 周守智（调入） 董克华（氨基酸厂）
1995	刘艺梅（调入） 龚 克（分配）
1996	蔡永新（分配） 徐传林（分配） 顾滨源（分配） 董汝权（分配） 吴山功（分配） 周先明（分配） 王梓祥（调入） 陈保红（调入）
1997	陈国山（分配） 王代彬（调入） 金方山（调入） 董学林（调入） 何汉桥（调入） 陈进祥（调入） 刘 荣（调入） 郑仁忠（调入） 杨 光（安置）
1998	戴宗洲（调入） 王德仁（调入） 秦海保（调入） 张炳定（调入）
1999	杨开俊（招聘） 钱 银（调入） 龚龙海（调入）
2000	陈留俊（招聘） 张福清（调入） 冯再丽（调入） 黄文娟（调入） 刘 俊（安置）
2001	方慧慧（招聘） 马瑞卿（招聘） 马瑞兴（招聘） 蔡永梅（招聘）
2002	王莉莉（招聘） 江玉丽（招聘） 唐秀红（招聘） 闵红梅（招聘） 王 伟（招聘） 马传舜（招聘） 刘玉华（招聘） 金文艳（招聘） 王福霞（招聘） 林安能（招聘） 魏秋萍（招聘） 李青青（招聘） 韩建波（招聘） 李晓梅（招聘） 徐正建（安置） 陶 宁（调任） 吴云飞（调入） 陈玉辉（调入） 王文潜（调入） 吴学敏（调入） 张传珍（调入） 董宝安（调入） 吴祖连（调入）

续表

年度	新增教师（职工）名单
2003	钱　芳（招聘）　王明红（招聘）　贾　萍（招聘） 钱以霞（招聘）　王　威（招聘）　朱伟生（招聘） 周　进（招聘）　张彩凤（招聘）　郑训红（招聘） 陈爱兰（招聘）　吴根苗（招聘）　虞发兵（招聘） 李贻霞（招聘）　刘培宝（招聘）　干　勇（招聘） 毛德山（招聘）　耿春红（招聘）　陆从梅（招聘） 朱年红（招聘）　徐群林（招聘）　李锦贻（招聘） 许修寿（招聘）　马干武（招聘）　刘立安（招聘） 陆有美（招聘）　殷红春（招考）　陈卫东（招考） 陈文华（招考）　吴筱春（招考）　洪　璟（招考） 叶　林（招考）　李灯奎（招考）　李广宏（招考） 陆银明（招考）　龚晓峰（招考）　林长友（招考） 陈玉宝（招考）　徐永海（招考）　邓晓红（招考） 葛　云（调入） 调入（实验学校）：杨文义　徐向阳　郭　勇 贾　清　汪明龙 招考（实验学校）：董金照　陶　祥　王子保 张　灼　李晓梅　张福春 丁　峰　刘诗林　周福梅 殷玉荣
2004	李寿琴（招聘）　叶巧红（招聘）　许芳芳（招聘） 郑林伶（招聘）　汪　钰（招聘）　唐　举（招聘） 何莉莉（招聘）　黄从明（招聘）　周玉红（招聘） 陈晓玲（招聘）　景　林（招聘）　刘克刚（招聘） 韩　琳（招聘）　徐光群（招聘）　丁多彪（招聘） 吴宗智（招聘）　吴正兵（招聘）　徐国香（招聘） 刘斌斌（招聘）　董乔林（招聘）　王　晶（招聘）
2005	张　峰（招考）　张晓军（招考）　刘冰玉（招考） 许李平（招考）　周玉青（招考）　叶安余（招考） 王　波（招考）　王　佳（招考）　王克兰（招考） 佴晓娟（招考）　路云飞（调入）
2006	梁凤香（招考）　沈巧红（招考）　纪维岗（招考） 叶士儒（招考）　吴明余（招考）　王曼丽（招考） 张　璐（招考）　王晓筱（招考）　桂玲玲（招考） 胡桂花（招考）　郭　磊（招考）　刘　竞（招考） 董红霞（招考）　董义兵（招考）　戴春艳（招考） 贾　清（调入）　王远东（调入）　陈　平（调入） 施汝权（调入）　查宇清（调入）　刘　堃（调入）

续表

年度	新增教师（职工）名单
2007	许明瑞（招考） 王　娟（招考） 钱文美（招考） 魏志善（招考） 王成玉（招考） 田庆媚（招考） 秦　森（招考） 徐静胜（招考） 佘李莉（招考） 李骏凤（招考） 朱国振（招考） 祝丽娟（招考） 董　敏（调入） 周金林（调入） 徐安国（调入）
2008	熊翠玉（招考） 陈从明（招考） 邵书琴（招考） 谢美玲（招考） 姚杏亮（招考） 李福琴（招考） 刘晓庆（招考） 戴梓阳（调入）
2009	张腊霞（招考） 徐开敏（调入） 徐宗兵（调入） 张冬梅（调入） 于春方（调入） 林玉忠（调入） 黎仁甲（调入） 李应杰（调入） 王培中（调入）
2010	刘　峰（招考） 张玉洁（招考） 武基林（调入）
2011	韩　杨（免费师范生） 郭永芳（招考） 吴梅香（招考） 魏　强（调入） 胡　泊（调入） 董金松（调入） 周春生（调入） 潘永兵（调入） 陈九彬（调入）
2012	唐来龙（调入） 徐晓峰（调入） 刘安乐（调入） 黄德武（调入） 杨翠英（调入）
2013	李山林（调任） 陶伯文（调入） 王春梅（调入） 徐国圆（招考） 车光艳（招考） 胡娟娟（招考）
2014	王倩沁（免费师范生） 徐中帅（免费师范生） 潘婷婷（免费师范生） 周　旭（免费师范生） 薛　畅（免费师范生） 何元祥（调入） 崇秋静（调入）
2015	黄　超（招考） 张中秋（招考） 胡　云（招考） 黄大鹏（招考） 冯小艳（招考） 郑先良（招考） 殷玉波（招考） 宋德江（招考） 杜立志（调入） 许开荣（调入） 王千程（调入） 黄永平（调入）
2016	徐佳慧（招考） 叶晶京（招考） 李大江（调入） 罗序薇（调入） 夏秋芳（调入） 俞昌化（调入）
2017	陈　昕（免费师范生） 殷华宗（招考） 李媛媛（招考） 花文倩（招考） 杨文娟（调入） 曹国彬（调入）
0218	陈继承（校园招聘） 吴南南（校园招聘） 朱志海（校园招聘） 代　浩（校园招聘） 傅海霞（校园招聘） 夏圆圆（校园招聘） 王月疏（招考） 王　亲（招考） 张露露（招考） 俞建美（招考）

天长中学获得滁州市以上荣誉称号教师名单

1	查灿云	全国劳动模范 全国优秀中学校长 全国先进工作者
2	徐金高	全国优秀班主任
3	来浩然	全国优秀教师
4	唐传阳	全国优秀教师 安徽省特级教师
5	张兆麟	安徽省特级教师
6	何开陆	安徽省特级教师
7	徐　勇	安徽省特级教师 滁州市模范教师
8	赵可林	安徽省特级教师 滁州市学科带头人 滁州市骨干教师
9	张福清	安徽省特级教师 滁州市学科带头人 滁州市骨干教师 滁州市模范教师
10	赵海燕	安徽省特级教师 滁州市学科带头人 滁州市骨干教师 滁州市名师工作室主持人
11	陶　宁	安徽省先进工作者
12	瞿智清	安徽省 75 建功者（奖章） 安徽省优秀体育教师 安徽省先进工作者
13	陈进祥	安徽省优秀班主任

续表

14	戴梓阳	安徽省优秀班主任
15	张甲兵	安徽省优秀教师
16	赵桂藩	安徽省优秀教师
17	王九玉	安徽省优秀教师
18	孙连铸	安徽省优秀团干 安徽省团校建设先进个人
19	赵　隽	安徽省教坛新星 滁州市学科带头人
20	张　红	安徽省教坛新星
21	何　进	滁州市学科带头人 滁州市骨干教师
22	黄宏旭	滁州市学科带头人 滁州市骨干教师
23	林长友	滁州市学科带头人 滁州市骨干教师
24	郭　铭	滁州市优秀班主任
25	郑训阳	滁州市模范教师 滁州市优秀班主任
26	魏旭东	滁州市模范教师
27	吴云飞	滁州市模范教师

续表

28	郭少林	滁州市模范教师
29	王兰程	滁州市师德标兵
30	秦海保	滁州市师德标兵
31	王德来	滁州市优秀教师
32	丁玉科	滁州市骨干教师
33	金方山	滁州市骨干教师
34	张兆红	滁州市骨干教师 滁州市教坛新星
35	王梓祥	滁州市骨干教师 滁州市教坛新星
36	李广宏	滁州市骨干教师 滁州市模范教师
37	马瑞卿	滁州市骨干教师
38	蔡永梅	滁州市骨干教师
39	刘冰玉	滁州市骨干教师
40	董　敏	滁州市骨干教师
41	耿春红	滁州市骨干教师

续表

42	徐晓峰	滁州市骨干教师
43	崇秋静	滁州市骨干教师
44	周先明	滁州市骨干教师
45	许芳芳	滁州市骨干教师
46	钱以霞	滁州市骨干教师
47	王　威	滁州市骨干教师 滁州市师德师风先进个人
48	郑训红	滁州市骨干教师 滁州市先进工作者
49	洪兆鳌	滁州市教坛新星
50	贾　清	滁州市教坛新星 滁州市劳动模范
51	顾滨源	滁州市教坛新星
52	于春方	滁州市教坛新星

查灿云(全国劳动模范、全国优秀中学校长、全国先进工作者)

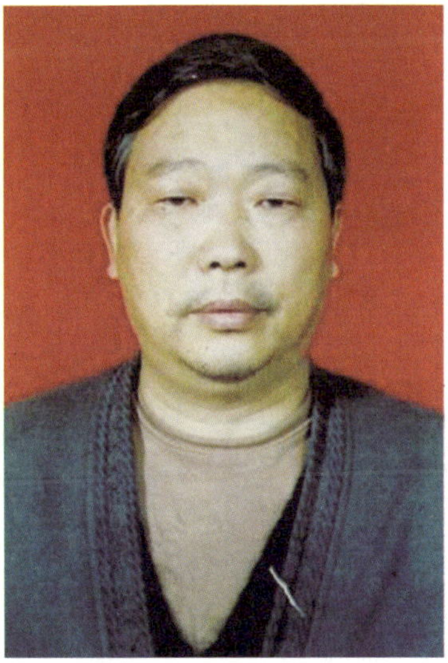

徐金高(全国优秀班主任)

来浩然（全国优秀教师）

唐传阳（全国优秀教师、安徽省特级教师）

张兆麟(安徽省特级教师)

何开陆(安徽省特级教师)

徐勇（安徽省特级教师）

赵可林（安徽省特级教师、滁州市学科带头人、滁州市骨干教师）

张福清（安徽省特级教师、滁州市学科带头人、滁州市骨干教师、滁州市模范教师）

赵海燕（安徽省特级教师、滁州市学科带头人、滁州市骨干教师、滁州市名师工作室主持人）

陶宁（安徽省先进工作者）

瞿智清（安徽省“七五”建功者奖章获得者、安徽省优秀体育教师、安徽省先进工作者）

陈进祥(安徽省优秀班主任)

戴梓阳 (安徽省优秀班主任)

张甲兵（安徽省优秀教师）

赵桂藩（安徽省优秀教师）

王九玉（安徽省优秀教师）

孙连铸（安徽省优秀团干、安徽省团校建设先进个人）

赵隽（安徽省教坛新星）

张红（安徽省教坛新星）

何进（滁州市学科带头人、滁州市骨干教师）

黄宏旭（滁州市学科带头人、滁州市骨干教师）

林长友（滁州市学科带头人、滁州市骨干教师）

郭铭（滁州市优秀班主任）

郑训阳（滁州市模范教师、滁州市优秀班主任）

魏旭东（滁州市模范教师）

吴云飞（滁州市模范教师）

郭少林（滁州市模范教师）

王兰程（滁州市师德标兵）

秦海保（滁州市师德标兵）

王德来（滁州市优秀教师）

丁玉科（滁州市骨干教师）

金方山(滁州市骨干教师)

张兆红(滁州市骨干教师、滁州市教坛新星)

王梓祥（滁州市骨干教师、滁州市教坛新星）

李广宏（滁州市模范教师）

马瑞卿(滁州市骨干教师)

蔡永梅(滁州市骨干教师)

刘冰玉（滁州市骨干教师）

董敏（滁州市骨干教师）

耿春红（滁州市骨干教师）

徐晓峰(滁州市骨干教师)

崇秋静（滁州市骨干教师）

周先明（滁州市骨干教师）

许芳芳（滁州市骨干教师）

钱以霞（滁州市骨干教师）

王威（滁州市骨干教师、滁州市师德师风先进个人）

郑训红（滁州市骨干教师、滁州市先进工作者）

洪兆鳌（滁州市教坛新星）

贾清（滁州市教坛新星、滁州市劳动模范）

.顾滨源（滁州市教坛新星）

于春方（滁州市教坛新星）

教育教学

安徽省天长中学校史（1928—2018年）

天長中学

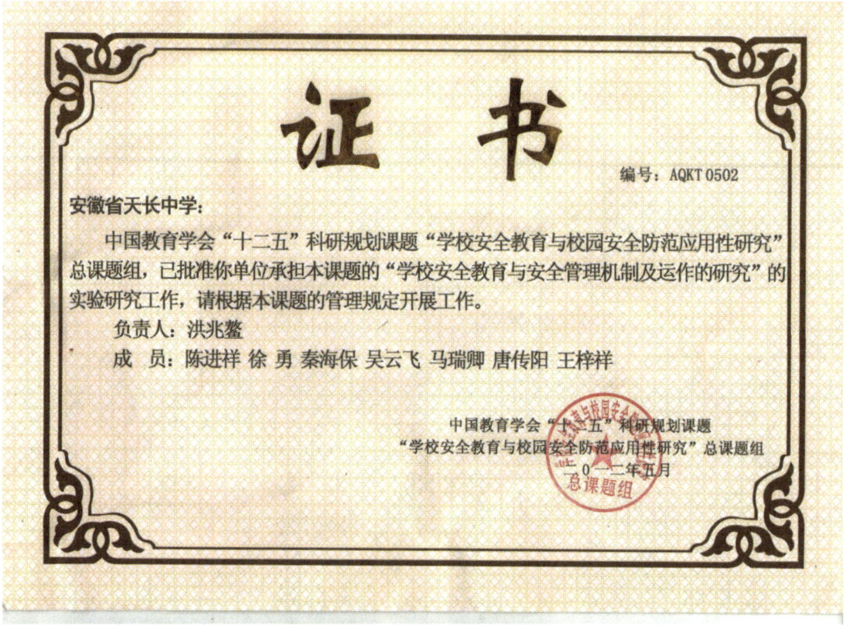

证书

编号：AQKT 0502

安徽省天长中学：

中国教育学会“十二五”科研规划课题“学校安全教育与校园安全防范应用性研究”总课题组，已批准你单位承担本课题的“学校安全教育与安全管理机制及运作的研究”的实验研究工作，请根据本课题的管理规定开展工作。

负责人：洪兆鳌

成　员：陈进祥 徐 勇 秦海保 吴云飞 马瑞卿 唐传阳 王梓祥

中国教育学会“十二五”科研规划课题

“学校安全教育与校园安全防范应用性研究”总课题组

二〇一二年五月

“学校安全教育与校园安全防范应用性研究”课题证书

安徽省教育科学规划课题

结题证书

课题类别：　安徽省教育科学规划课题　课题编号：JG10157

课题名称：　高中数学教材中阅读材料的使用与研究

课题主持人：　唐传阳 林玉忠

主要参加人：　张晓军 张峰 刘竞 秦森 王威 马瑞兴 金文艳

课题承担单位：　安徽省天长中学

证书编号：　【2013】173

此项课题已完成，经审核准予结题，特发此证。

安徽省教育科学规划领导小组办公室

二〇一三年五月二十日

《高中数学教材中阅读材料的使用与研究》结题证书

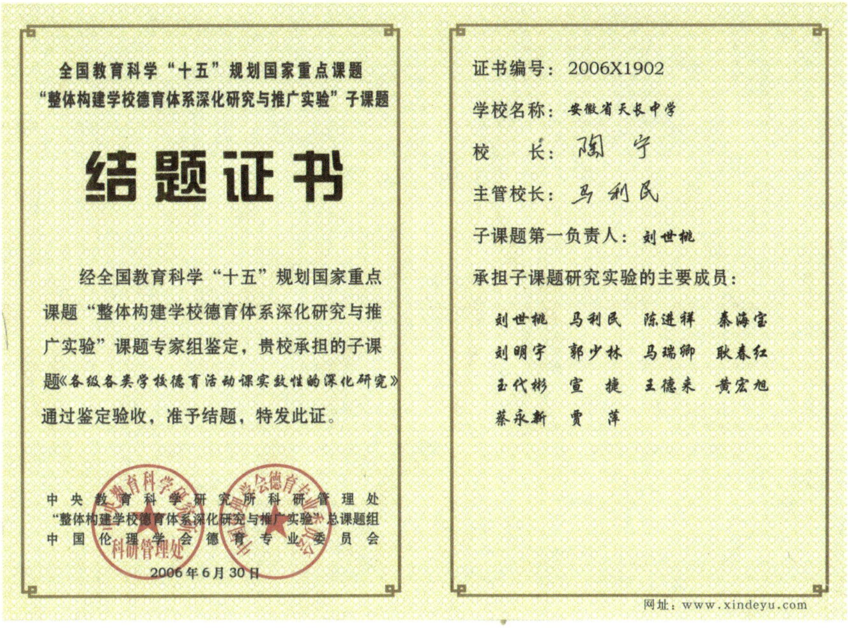

全国教育科学“十五”规划国家重点课题
“整体构建学校德育体系深化研究与推广实验”子课题

结题证书

经全国教育科学“十五”规划国家重点课题“整体构建学校德育体系深化研究与推广实验”课题专家组鉴定，贵校承担的子课题《各级各类学校德育活动课实效性的深化研究》通过鉴定验收，准予结题，特发此证。

中央教育科学研究所科研管理处
“整体构建学校德育体系深化研究与推广实验”总课题组
中国伦理学会德育专业委员会
2006年6月30日

证书编号：2006X1902
学校名称：安徽省天长中学
校　长：陶宁
主管校长：马利民
子课题第一负责人：刘世桃
承担子课题研究实验的主要成员：
刘世桃　马利民　陈进祥　秦海宝
刘明宇　郭少林　马瑞卿　耿春红
王代彬　宣捷　王德来　黄宏旭
蔡永新　贾萍

网址：www.xindeyu.com

《各级各类学校德育活动课实效性的深化研究(国家级)》结题证书

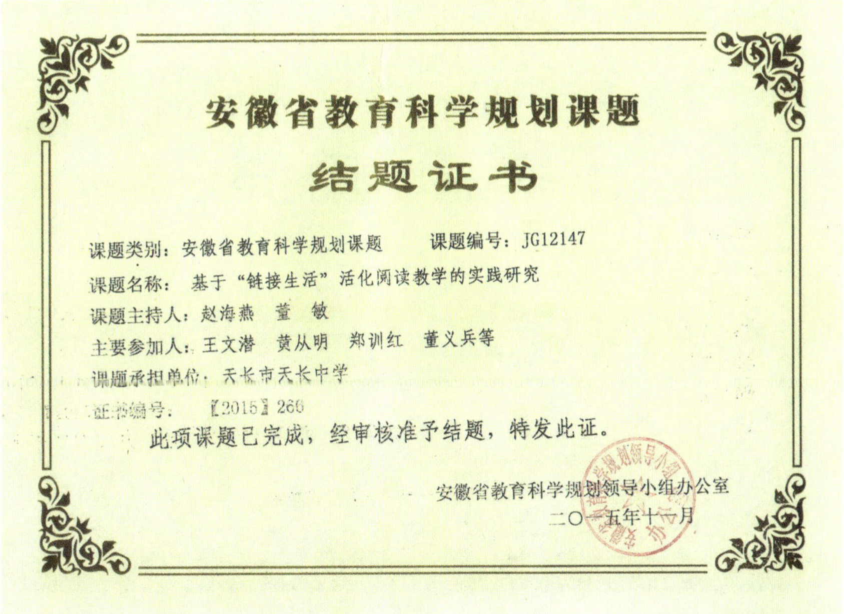

安徽省教育科学规划课题

结题证书

课题类别：安徽省教育科学规划课题　　课题编号：JG12147
课题名称：基于“链接生活”活化阅读教学的实践研究
课题主持人：赵海燕　董敏
主要参加人：王文潜　黄从明　郑训红　董义兵等
课题承担单位：天长市天长中学
证书编号：【2015】260

此项课题已完成，经审核准予结题，特发此证。

安徽省教育科学规划领导小组办公室
二〇一五年十一月

《基于“链接生活”活化阅读教学的实践研究》结题证书

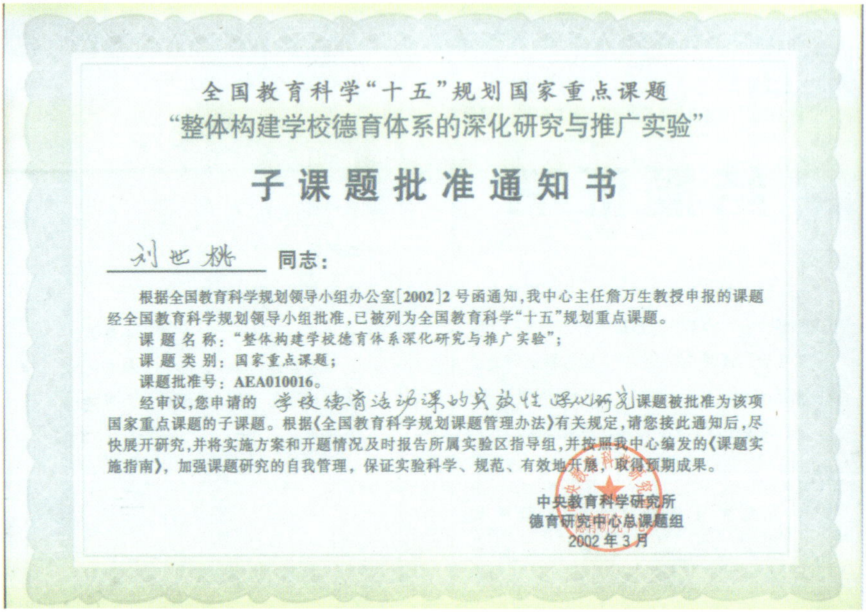

全国教育科学"十五"规划国家重点课题
"整体构建学校德育体系的深化研究与推广实验"
子课题批准通知书

刘世桃 同志：

根据全国教育科学规划领导小组办公室[2002]2号函通知，我中心主任詹万生教授申报的课题经全国教育科学规划领导小组批准，已被列为全国教育科学"十五"规划重点课题。

课题名称："整体构建学校德育体系深化研究与推广实验"；

课题类别：国家重点课题；

课题批准号：AEA010016。

经审议，您申请的 学校德育活动课的实效性深化研究 课题被批准为该项国家重点课题的子课题。根据《全国教育科学规划课题管理办法》有关规定，请您接此通知后，尽快展开研究，并将实施方案和开题情况及时报告所属实验区指导组，并按照我中心编发的《课题实施指南》，加强课题研究的自我管理，保证实验科学、规范、有效地开展，取得预期成果。

中央教育科学研究所
德育研究中心总课题组
2002年3月

全国教育科学"十五"规划国家重点课题"整体构建学校德育体系的深化研究与推广实验"子课题批准通知书

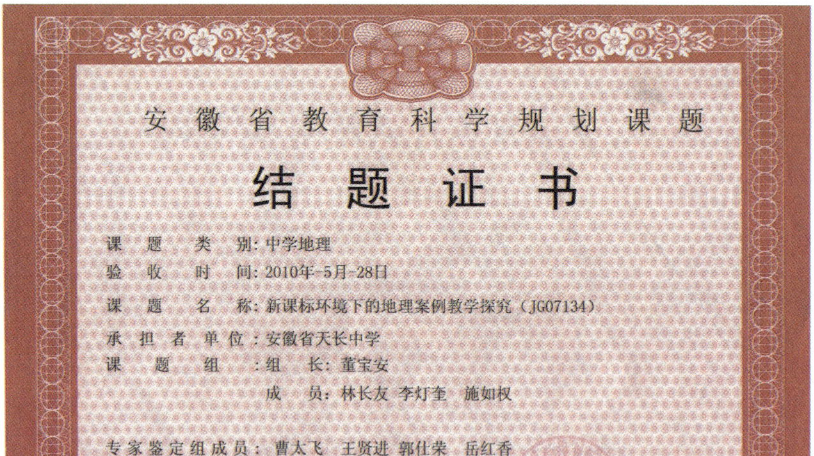

安徽省教育科学规划课题

结题证书

课题类别：中学地理

验收时间：2010年-5月-28日

课题名称：新课标环境下的地理案例教学探究（JG07134）

承担者单位：安徽省天长中学

课题组：组长：董宝安

成员：林长友 李灯奎 施如权

专家鉴定组成员：曹太飞 王贤进 郭仕荣 岳红香

编号：AJKC201017068

2010年7月6日

《新课标环境下的地理案例教学探究》结题证书

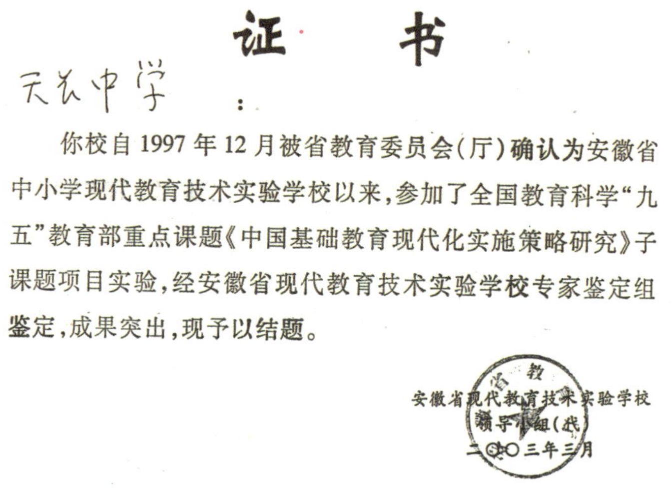

证　书

天长中学：

你校自1997年12月被省教育委员会(厅)确认为安徽省中小学现代教育技术实验学校以来，参加了全国教育科学"九五"教育部重点课题《中国基础教育现代化实施策略研究》子课题项目实验，经安徽省现代教育技术实验学校专家鉴定组鉴定，成果突出，现予以结题。

安徽省现代教育技术实验学校
领导小组(代)
二〇〇三年三月

《中国基础教育现代化实施策略研究》结题证书

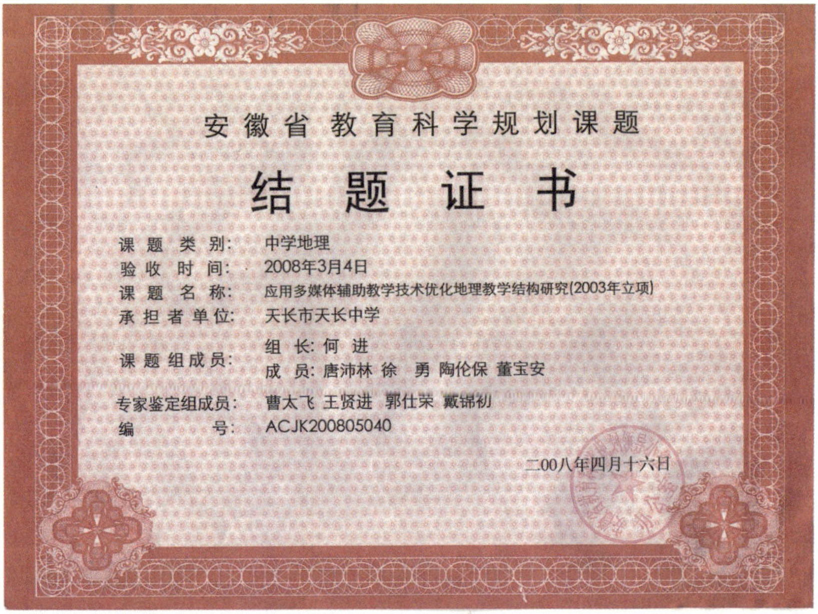

安徽省教育科学规划课题

结题证书

课题类别：中学地理
验收时间：2008年3月4日
课题名称：应用多媒体辅助教学技术优化地理教学结构研究(2003年立项)
承担者单位：天长市天长中学
课题组成员：组长：何进
成员：唐沛林 徐勇 陶伦保 董宝安
专家鉴定组成员：曹太飞 王贤进 郭仕荣 戴锡初
编号：ACJK200805040

二00八年四月十六日

《应用多媒体辅助教学技术优化地理教学结构研究》结题证书

序号	课题名称	课题级别	学科	课题组成员		证书编号	结题时间
				组长	组员		
1	各级各类学校德育活动课实效性的深化研究	国家级子课题	高中德育	刘世桃	马利民 陈进祥 秦海宝 刘明宇 郭少林 马瑞卿 耿春红 王代彬 宣　捷 王德来 黄宏旭 蔡永新 贾萍等	2006X1902	2006.6
2	信息技术条件下新课程教学方式实验研究	国家级子课题	教育管理	赵可林	何　进 蔡永新 王代彬 李正武		2013.5
3	学校安全教育与安全管理机制及运作的研究	国家级子课题	教育管理	洪兆鳌	陈进祥 徐勇等		2015.6
4	语文教学切入唐宋诗词，提高学生中国古典文学素养的研究	省级	高中语文	赵桂藩 肖齐福	王学岚 洪兆鳌 董　悟 李山林 黄文娟		2001.6
5	应用多媒体辅助教学技术优化地理教学结构研究	省级	高中地理	何进	唐沛林 徐　勇 陶伦保 董宝安	ACJK200805040	2008.4
6	中学语文教学中美育渗透的研究	省级	高中语文	黄文娟	洪兆鳌 王学岚 来浩然 李寿琴	ACJK200806041	2008.4
7	新课标环境下的地理案例教学探究	省级	高中地理	董宝安	林长友 李灯奎 施如权	AJKC201017068	2010.7
8	高中思想政治课对提高学生思想道德教育有效性的研究	省级	高中政治	赵可林	黄宏旭 耿春红 蔡永新 王德来 陆从梅 王成玉	ACJK201304128	2013.1

续表

序号	课题名称	课题级别	学科	课题组成员		证书编号	结题时间
				组长	组员		
10	基于“同课异构”的中学历史课堂教学有效性的比较研究	省级	高中历史	赵　隽	李晓梅 陆有美 徐静胜 桂玲玲 马干武	【2013】249	2013.9
11	基于“链接生活”活化阅读教学的实践研究	省级	高中英语	赵海燕 董　敏	王文潜 黄从明 郑训红 董义兵 等	【2015】266	2015.11
12	高中数学新课程改革教学实践研究	滁州市级	高中数学	曹太飞	马瑞卿 等	ACJK200806036	2008.8
13	新课程艺术教育学业水平评价方式的研究	滁州市级	高中艺术	吴建华 龚　克	王冬梅 王　晶 董乔林 李锦贻 林玉梅	ACJK201117100	2011.12
14	基于“高中历史图片”探究教学的实证研究	滁州市级	高中历史	赵　隽 陆有美	李晓梅 马干武 桂玲玲 徐静胜	ACJK201217119	2012.7
15	习题讲解由学生承担教学模式之探讨	滁州市级	高中化学	张福清 何汉桥	丁多彪 刘　堃 刘培宝	ACJK201305129	2013.1
16	适当调整教学内容提高化学课堂教学的时效性	滁州市级	高中化学	李广宏	李广宏 徐光群 冯再丽 李福琴 田庆媚	ACJK201307131	2013.1
17	新课标环境下的数学案例教学探讨	滁州市级	高中数学	刘明宇 马传舜	周　进 朱伟生 张彩凤 魏旭东	ACJK201329153	2013.4
18	应用多媒体技术引领高中物理教学结构走向多元信息化能力的研究	滁州市级	高中物理	王九玉 于春方	韩建波 吴根苗 韩　琳 景　林 王　波 张冬梅	CJGJ14022	2014.1
19	有效写作教学模式的研究	滁州市级	高中英语	董　敏 赵海燕	刘冰玉 张　璐	CJGJ14014	2014.1

续表

序号	课题名称	课题级别	学科	课题组成员		证书编号	结题时间
20	传统文化教育与青少年德育工作研究	滁州市级	高中语文	金方山 陈卫东	林安能 唐秀红 蔡永梅 王晓筱 李寿琴	CJGJ14011	2014.1
21	高中语文课堂教学有效性的研究	滁州市级	高中语文	洪兆鳌 钱以霞	王明红 魏秋萍 沈巧红 祝丽娟	CJGJ14002	2014.1

办学成就

安徽省天长中学校史（1928—2018年）

天長中學

天长中学 1978—2008 年高考录取数（本科）

年度	录取人数	
	本科数	重点人数
1978	24	13
1979	45	21
1980	86	45
1981	75	40
1982	108	62
1983	110	66
1984	/	/
1985	52	36
1986	120	69
1987	99	51
1988	134	77
1989	110	63
1990	83	45
1991	99	53
1992	82	47
1993	64	35
1994	105	56
1995	50	26
1996	88	41
1997	151	67
1998	146	60
1999	144	58
2000	191	82
2001	253	114
2002	300	121
2003	303	119
2004	480	158
2005	512	163
2006	861	201
2007	1120	293
2008	1190	320

天长中学2009—2018年高考成绩

2009年	本科达线总数835人（不含艺体），其中应届750人，滁州市同类学校第一 二本达线总数739人（不含艺体），其中应届664人，滁州市同类学校第一 一本达线总数391人，其中应届359人，滁州市同类学校第一 600分以上高分段人数218人，其中应届203人，滁州市第一
2010年	天中文科考生王文娟651分，滁州市第一，全省17名； 天中理科考生黎荣熙680分，滁州市第一，全省48名； 天中理科考生王文倩678分，滁州市第二，全省54名； 天中文科全省前500名6人，理科全省前500名12人。
2011年	文科考生吴志敏以642分获滁州市文科状元 文科考生有5人进入滁州市前10名 理科考生有4人进入滁州市前10名 文理科600分以上115人，其中应届生114人 文理科大文大理一本以上544人，其中应届生505人 文理科大文大理二本以上974人，其中应届生860人 文理科大文大理三本以上1138人，其中应届生982人 本科达线总数1166人
2012年	文理科应届生600分以上171人 文理科大文大理一本以上514人，其中应届生502人 文理科大文大理二本以上916人，其中应届生848人 文理科大文大理三本以上1065人，其中应届生972人 本科达线总数1091人，其中应届大文大理一本达线率49%，二本达线率82.3%，本科达线率93.5%
2013年	文科考生许婷以635获滁州市文科状元，樊蓉以631获滁州市第三名 文科考生有7人进入滁州市前十名 文理科600分以上28人，其中应届生27人 文理科大文大理一本以上523人，其中应届生507人 文理科大文大理二本以上867人，其中应届生816人 文理科大文大理三本以上1036人，其中应届生966人 本科达线总数1058人，其中应届大文大理一本达线率48.6%，二本达线率77.77%，本科达线率91.53% 国际班大文大理达一本线2人，二本以上10人，三本以上20人；本科总数30人（含艺体）

续表

2014 年	文科考生有 3 人进入滁州市前十名 理科考生有 1 人进入滁州市前十名 文理科应届 600 分以上 24 人 文理科大文大理一本以上 614 人，其中应届生 595 人 文理科大文大理二本以上 958 人，其中应届生 916 人 文理科大文大理三本以上 1074 人，其中应届生 1012 人 本科达线总数 1088 人，其中应届大文大理一本达线率 54.49%，二本达线率 83.88%，本科达线率 92.67%，本科达线数和达线率均创历史新高
2015 年	文科考生有 7 人进入滁州市前十名 理科考生有 4 人进入滁州市前十名 文理科大文大理 600 分以上 431 人，其中应届生 415 人 文理科大文大理一本以上 722 人，其中应届生 697 人 文理科大文大理二本以上 1035 人，其中应届生 977 人 文理科大文大理三本以上 1158 人，其中应届生 1079 人 本科达线总数 1163 人，其中应届大文大理一本达线率 60.56%，二本达线率 84.88%，本科达线率 93.74% 国际班达大文大理一本线 6 人，二本以上 33 人，三本以上 62 人
2016 年	文科考生朱睿以 642 分荣获滁州市文科状元，全省第 14 名 理科考生陈倩以 687 分荣获滁州市理科状元，全省并列第 37 名 大文大理 600 分以上 131 人，其中应届生 129 人 大文大理一本以上 723 人，其中应届生 701 人 大文大理二本以上 995 人，其中应届生 956 人 大文大理三本以上 1109 人，其中应届生 1058 人 应届大文大理一本达线率 61.12%，二本达线率 83.35%，本科达线率 92.24% 国际班达大文大理一本线 8 人，二本以上 30 人，三本以上 60 人
2017 年	文科最高秦天辰 632 分，全省排名 101 名；理科最高王志文 662 分，全省排名 181 名。 文科考生滁州市前 10 名占 4 人，理科考生滁州市前 10 名占 2 人。 报考总数 1102 人。其中文科报考数 325 人，600 分以上 13 人，一本达线数 179 人，一本率 55.08%，本科达线数 297 人，本科率 91.4%；理科报考数 768 人，600 分以上 36 人，一本达线数 500 人，一本率 65.1%，本科达线数 698 人，本科率 90.9%；合计 600 分以上 49 人，一本达线总数 679 人，一本率 62.12%，本科达线总数 995 人，本科率 91.03%。 艺术报考 9 人，达本科线 8 人。

续表

2018 年	600 分以上高分段 183 人，其中文科 46 人，理科 137 人，文科最高何瞻洵 663 分，全省第 26 名。 全省文科前 100 名，我校占 3 人，分别是第 26、61、91 名。 文科有 1 人获得北京大学博雅计划加 20 分资格。 统招生文科参考 288 人，一本 181 人，一本率 62.85%，本科 276 人，本科率 95.83%；统招生理科参考 706 人，一本 544 人，一本率 77.05%，本科 694 人，本科率 98.30%。 统招生合计参考 994 人，一本 725 人，一本率 72.94%，本科 970 人，本科率 97.59%。 国际班文科参考 67 人，一本 7 人，本科 31 人，本科率 46.27%；国际班理科参考 31 人，一本 4 人，本科 17 人，本科率 54.84%。 艺体参考 10 人，本科 10 人。 一本大文大理总合计 736 人，一本率 67.40%，本科 1018 人，本科率 93.22%。 高三 1 班、20 班，高三 2 班，高三 7 班、13 班、14 班、17 班本科率 100%。 高三 9 班马恩旺以 640 分的高分被确定为清华北大北航“双学籍”空军飞行员，最终录取到北京大学飞行员班。

天长中学 1999—2018 年获得主要荣誉称号

荣誉称号	获奖时间	表彰部门
滁州市文明单位标兵	1999 年 2 月	中共滁州市委 滁州市人民政府
安徽省学校体育卫生国防教育工作先进集体	1999 年 9 月	安徽省教育委员会
安徽省第四届文明单位	2000 年 4 月	中共安徽省委 安徽省人民政府
滁州市文明单位标兵	2001 年 1 月	中共滁州市委 滁州市人民政府
全省普通高中毕业会考先进集体	2002 年 1 月	安徽省教育厅
安徽省爱国主义教育活动示范学校	2002 年 3 月	中共安徽省委宣传部 中共安徽省委教育工作委员会 安徽省教育厅 共青团安徽省委
安徽省第五届文明单位	2002 年 4 月	中共安徽省委 安徽省人民政府
滁州市爱国主义教育活动示范学校	2002 年 5 月	中共滁州市委宣传部 滁州市教育委员会 共青团滁州市委
安徽省家教名校	2002 年 8 月	安徽省教育厅
滁州市文明单位标兵	2003 年 1 月	中共滁州市委 滁州市人民政府
全国青少年爱国主义读书教育活动示范学校	2003 年 7 月	全国青少年爱国主义读书教育活动组织委员会
安徽省第六届文明单位	2004 年 4 月	中共安徽省委 安徽省人民政府
全国“奋发有为建小康”读书教育活动“组织优秀奖”	2004 年 7 月	全国青少年“奋发有为建小康”读书教育活动组织委员会
滁州市语言文字规范化示范学校	2005 年 4 月	滁州市教育局 滁州市语言文字工作委员会
全国“心系祖国健康成长”读书教育活动“组织优秀奖”	2005 年 7 月	全国青少年“心系祖国健康成长”读书教育活动组织委员会
滁州市文明单位标兵	2005 年 12 月	中共滁州市委 滁州市人民政府
安徽省第七届文明单位	2006 年 4 月	中共安徽省委 安徽省人民政府
滁州市先进基层党组织	2006 年 6 月	中共滁州市委
全国“红色之旅”读书教育活动“组织特等奖”	2006 年 7 月	全国青少年“红色之旅”读书教育活动组织委员会
滁州市文明单位标兵	2007 年 3 月	中共滁州市委 滁州市人民政府

续表

荣誉称号	获奖时间	表彰部门
安徽省教育系统先进集体	2007 年 9 月	安徽省人事厅 安徽省教育厅
滁州市办学水平督导评估优秀学校	2007 年 12 月	滁州市教育局 滁州市人民政府教育督导室
安徽省第八届文明单位	2008 年 4 月	中共安徽省委 安徽省人民政府
安徽省未成年人思想道德建设示范学校	2008 年 6 月	安徽省文明委
滁州市 2007—2008 年度文明单位标兵	2009 年 3 月	中共滁州市委 滁州市人民政府
园林式单位	2010 年 1 月	滁州市人民政府
招收飞行学员工作先进单位	2010 年 9 月	滁州市教体局
空军招收飞行学员工作先进单位	2011 年 10 月	南京军区空军政治部
2006—2010 全市依法治市暨法制宣传教育先进单位	2011 年 12 月	中共滁州市委 滁州市人民政府
国民语文应用能力实验校	2012 年	指导单位：教育部语言应用管理司 主办单位：国家语言文字委员会 语言文字报刊社
中国教育学会“十二五”科研规划课题安全教育示范校	2012 年 5 月	“学校安全教育与校园安全防范应用性研究”总课题组
滁州市 2009—2011 年文明单位标兵	2012 年 8 月	中共滁州市委 滁州市人民政府
安徽省基础教育课程改革先进单位	2013 年 4 月	安徽省教育厅
滁州市中小学体育工作示范学校	2014 年 1 月	滁州市教育局
第十届滁州市文明单位标兵	2015 年 3 月	中共滁州市委 滁州市人民政府
安徽省节约型公共机构示范单位	2015 年 12 月	安徽省机关事务管理局 安徽省发展和改革委 安徽省财政厅
2017 年滁州市第六届“大文化小舞台”合唱比赛中学组特等奖	2017 年 5 月	滁州市文明办 滁州市教体局 共青团滁州市委员会 滁州市少先队工作委员会
2017 年安徽省高中校园“卡尔美”杯足球联赛体育道德风尚奖	2017 年 11 月	安徽省教育厅 安徽省体育局
第十一届滁州市文明单位标兵	2017 年 12 月	滁州市精神文明建设委员会
第二届滁州市文明校园	2017 年 12 月	滁州市文明委 滁州市教育体育局
空军招飞工作先进单位	2018 年 10 月	滁州市教育体育局

积八秩厚蕴 育千秋英才

——天长中学教育改革与发展巡礼

悠久光荣的历史

在美丽富庶的千秋古城，矗立着一所久负盛名的明珠般的学府——天长中学。她北依悠悠的高邮湖，东接淮左名都，南眺巍巍钟山，可谓钟灵毓秀。这曾于晚清走出过科举状元的福地，读书氛围浓厚，文化底蕴深厚，注定了天长中学有着优良的传统，大家的风范。

1928年创立的天长中学，有着光荣的革命历史。全国政协原副主席孙晓村，新华社高级研究员、天长最早的中共党员、曾担任社科院世界史研究员的陈洪进，江泽民叔父江树峰等曾在这里执教；这里也曾走出了一大批优秀的革命者，华东师大原副校长、中国伦理学会会长周原冰，皖东行署专员、烈士陈舜仪，天长原县委书记梁明伦等就是其中最杰出的代表。

天长中学有着优良的办学传统。几代天长中学人上下求索，风雨兼程，形成了自己的办学特色。从“诚、勤、睦、任、新”五字校训，到“升学预备教育为主，艺术特色教育相辅”的办学模式，再到“注重发展教真人，开发潜能育全才”的现代育人理念，历任校长如接力一般，严谨求实，与时俱进，开拓进取，使儒学街边的茅屋残垣逐步发展成一座现代化、高起点的省示范高中。

天长中学有着辉煌的教育教学成就。1979年，被确立为滁州地区重点中学，1999年，晋升为省首批示范高中。九十年来，这里共培养了两万多名优秀的学子，为各行各业输送了大批杰出的人才。改革开放以来，这里曾培养出多名省高考文理科状元、探花、前十名，特别是近几年，高考成绩更是捷报频传，连续多年位居滁州市之首。每年都有相当数量的学子踏进全国十大名校，更有近二十名学子先后从这里步入清华和北大；天长中学成为优秀人才的摇篮。如今，天长中学拥有60个班级，近4000名师生员工，先后被著名高校如南京大学、中国矿业大学、合肥工业大学、重庆大学、江南大学等确定为优质生源基地，成为皖东大地上璀璨的教育明珠。

雄厚过硬的师资

教师是第一教育资源。天长中学之所以享有盛名，是因为它在长期的办学过程中，培养和锻造了一支优良的教师队伍。他们中有全国模范教师、特级教师、省教坛新星、学科带头人、师德标兵、优秀班主任、骨干教师等。唐传阳、赵可林、徐勇、赵隽、洪兆鳌、郑训阳、魏旭东、陈进祥、刘明宇、吴建华等等只是其中的代表。这支队伍学科结构合理，专业素养深厚，业务能力过硬；更可贵的是他们始终保持着淡泊名利、锐意进取、爱校如家、爱生若子的职业操守和优秀品质，为学校的发展提供了强有力的支撑，在校内外都享有很高的声誉。

进入新校区，随着办学规模扩大，对教师队伍特别是青年教师队伍素质的要求也随之提高。为了学校的可持续发展，学校制订了一系列规范、激励教师成长和发展的措施。首先坚持业务理论方面的学习，保持教学理念的常新，同时加强教研组和备课组的工作，实行智慧共享，互相帮促，整体推进，共同提升。其次强化课题研究、行动研究，从一节课、一道题入手，研究探讨教学中的实际问题。最后夯实课堂教学的基础。教学质量的主阵地是课堂，提高课堂教学水平从备课、书写教案、修改充实到示范演示、课后反思、课后小结，环环相扣，逐一落实。在此基础上，学校还想方设法为年轻教师的成长、成熟搭建良好的平台。实行“一对一师带徒”制度，提出“一轮要满师，两轮成新星，三轮成名师”的口号。组织年轻教师观看优秀教师上课录像，开展每周一次的组内公开课、每学期的市级示范课。积极参加“走出去，请进来”活动。开展“青年教师教学基本功大赛”“青年教师优质课展示”“天长中学教坛新星比赛”等活动。通过以上措施，极大地调动了青年教师钻研教学的积极性，使他们迅速地成长起来。几年来，一批年轻教师在各级教学比赛中崭露头角，显示了很强的竞争力。正是他们的成长成熟，使学校能够保持可持续发展，让天中有了长盛不衰的美好的未来。

优良稳定的质量

现代化学校不仅体现在硬件设施上，更重要的是该校有着持久而深厚的软实力。天中人深知，仅凭硬件是难以让学校走得更远的，必须在构筑校园文化、丰富学校的人文底蕴、提高学生综合素质上作大文章。

绿化美化校园，使学生亲近自然、热爱自然；建设读书苑、魁星亭、状元桥，学校网站上开辟名师专栏，让学生以母校为自豪；建设阅览室，充实图书馆，设立书报栏、文化墙，丰富学生的知识，开阔他们的眼界；张贴名人画像、名人名言，激励他们树立人生目标，引领他们积极向上；建设班级文化，使他们懂得感恩，爱我天中；每周的升旗仪式，可以培养学生爱国报国的意识；开展读书月、养成教育月等活动，帮助他们充实内涵，文明进步；小发明、小制作比赛，引导他们学科学，用科学，增强动手能力；中学生书画比赛、普通话比赛、朗诵比赛、英语口语比赛，百科知识竞赛、主题班会，一年一度的“天中之春”艺术节、科技节、体育节、元旦联欢等等，丰富了学生的校园生活，陶冶了他们的情操，提升了他们的综合素养。校园文化建设，对学生起到了难以替代的教育功能，为他们个性发展、终生发展打下了坚实的基础。这些年来，在各级各类综合素质比赛中，天长中学总是榜上有名，屡捧奖杯。今天的天中，绿树婆娑，绿草如茵，赏心悦目；课余生活丰富多彩，令人流连；学子生龙活虎，阳光快乐。

播种总会收获，开花就能结果。良好的学习环境，良好的文化氛围，使学生们也懂得珍惜这美好的中学时光。他们倍加努力，发奋苦读，以优异的成绩为母校赢得了一座座金光闪闪的奖杯。进入新校区以来，学校的升学层次稳步提高，近年来，先后有十多名学子考进了北大和清华，大批的学生走进了名校。

天中在成长，天中在发展，天中更在前进。我们深信：悠久而崭新的天长中学，在新的世纪，将带着丰厚的积淀，以它一流的教学设施，现代教育教学理念，甘于奉献的班子，高素质的师资队伍，定能厚积薄发，一路高歌，向省优秀示范高中昂首迈进！

校园文化

安徽省天长中学校史（1928—2018年）

天長中學

天长中学隆重举行建校 80 周年庆典大会

岁月赢华，盛世欢歌。2008 年天长中学迎来建校八十周年华诞。11 月 8 日上午，在校升旗广场隆重举行校庆庆典。滁州市委常委、天长市委书记陈书华，市委副书记、代市长杨东坡，市政协主席戴长生，市委副书记刘荣祥，市人大常委会常务副主任仲文耀等领导出席。市委副书记、代市长杨东坡主持庆典大会。

天长中学 80 周年庆祝大会

天长中学喜迎建校80周年

安徽省委宣传部副部长、文明办主任庄保斌，国家审计署卫生审计局局长钱啸森，国家审计署法制司司长王秀明，安徽省教育厅副厅长金燕，滁州市人民政府副市长朱云霞，省九三学社副主委周元菊，安徽建工集团副总裁王元曦，武汉大学副校长李清泉，蚌埠市委常委、纪委书记顾世平，滁州军分区常委刘永俊，滁州学院副院长倪阳，滁州教育局副局长潘厚江应邀出席大会。

省、滁州市以及我市相关领导，市内外兄弟友好学校校长，安徽经济文化促进会天长分会领导，市直单位、各乡镇和市内各大企业负责人，天长中学海内外校友，曾在天中工作过的教职员工代表以及全体师生员工约6000人参加了庆典大会。

会上，天长中学校长陶宁首先致辞，向出席庆典的领导、嘉宾和校友表示最热烈的欢迎！向关心支持天长中学发展的各位领导、各界人士表示最衷心的感谢！向风雨同济、携手共进的天中学子和全体教职员工

滁州市委常委、天长市委书记陈书华在天长中学80周年校庆大会上讲话

表示最亲切的问候！校友代表、国家审计署法制司司长王秀明，兄弟学校代表、滁州中学校长李有才，天长中学教师代表黄文娟，天长中学学生代表俞涔曦分别作了发言。

省教育厅副厅长金燕在发言中肯定了天长中学为党和国家培养了大批优秀人才，为地方建设和发展做出了重大贡献，并希望天长中学以八十周年校庆为起点，全面贯彻和践行科学发展观，进一步加强学校内涵建设，强化教育教学改革，提高教育质量，实现学校又好又快发展。力争早日成为省级优秀示范高中，为我省普通高中教育的改革和发展做出新的贡献。

滁州市副市长朱云霞在发言中指出，80年来，天长中学坚持与时俱进，开拓进取，坚持“注重发展教真人，开发潜能育全才”的办学理念，取得了优异的办学成就。尤其是近几年来，由于天长市委、市政府的高度重视和大力支持，率先建成了一流的新校区，教育质量在滁州市也名列前茅，高考升学人数连年位居全市榜首。希望天长中学在天长市委、市政府的正确领导下，以校庆庆典为契机，以科学发展观为指导，秉承优良传统，不断教育创新，加快发展步伐，加强内涵建设，再上新台阶，再创新辉煌。

滁州市委常委、我市市委书记陈书华代表市委、市政府对天长中学80周年校庆表示热烈祝贺。陈书华在致辞中说，80年前的今天，天长的先贤们开启了天长现代中等教育的先河，从那时起，天长中学见证了天

时任省委宣传部副部长、省文明办主任，天长中学校友庄保斌在市领导陪同下参观天长中学校史馆

长教育的历史沧桑，走过了不平凡的历程。80年来，一代又一代教育工作者辛勤耕耘、无私奉献、薪火传承，使天长中学积淀了深厚的办学底蕴。2003年，市委、市政府下决心将天长中学择址重建以来，天长中学的教学设施、教学环境、教职员工的精神面貌更是为之一变，连年捷报频传，受到社会广泛好评。

陈书华指出，百年大计，教育为本，党的十七大已经把提高自主创新能力、建设创新型国家作为国家发展战略的核心，把优先发展教育摆到了更加重要的位置。天长目前正处于现代化建设的关键时期，必须优先发展教育，希望天长中学肩负起历史使命和社会责任，在80年华诞的新起点上，坚持改革创新、开拓进取，把天长中学办成省内一流、国内知名、人民满意的学校。同时希望全社会都要满腔热情地关注教育，支持教育，为实施科教兴市、人才强市战略创造良好的社会环境。

校庆前夕，安徽省教育厅、滁州市教育局、北京大学、清华大学、中国科技大学、南京大学等单位发来了贺信贺电。1967 届校友中央电视台原台长赵化勇、梁秀玲夫妇，1972 届校友美国密歇根大学教授谢一春、李一梅夫妇等也发来贺信。

大会结束后，天长中学师生和部分校友还向来宾们献上了一台精彩的文艺演出；前来参加庆典的来宾们还应邀参观了校史馆，详细了解了天中建校 80 年来所走过的光辉历程。

天长中学音乐会剪影（教师合唱）

全市第二十个教师节庆祝大会

“勿忘国耻，爱我中华，勤奋学习”专题辅导报告

参加市“先锋颂”歌咏大赛

参观烈士陈列馆

立志报国赴军营

优秀学子

安徽省天长中学校史（1928—2018年）

天長中学

历年高考安徽省前三名学子照片

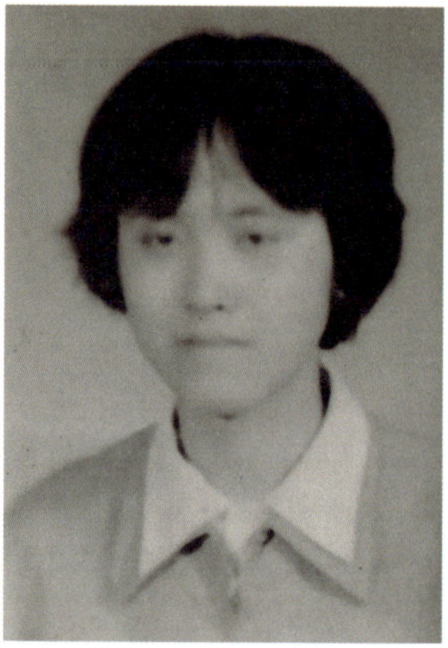

海燕

（1985年高考安徽省文科状元）

周昕

（1985年高考安徽省外语类状元）

崇静

（1989年高考安徽省文科状元）

崇荣欣

（1989年高考安徽省理科第二名）

瞿体明（1998 年高考安徽省理科第三名，考取清华大学）

陶荣（2003 年高考安徽省文科第二名，考取北京大学）

近年高考滁州市状元照片

刁子健（1991 年滁州市理科状元，考取中国科技大学）

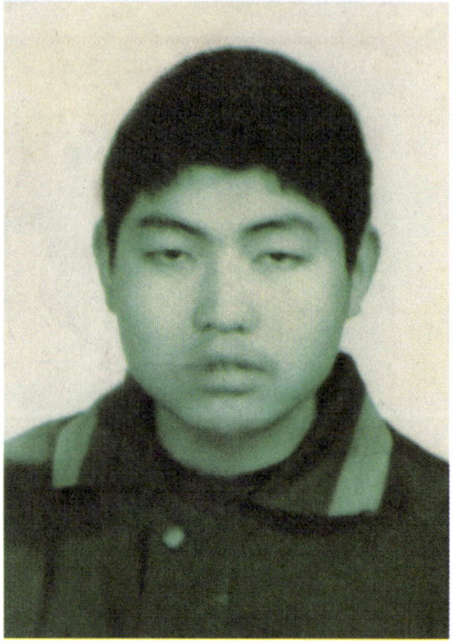

陈都（1997 年滁州市理科状元，考取中国科技大学）

刁天峰（2000 年滁州市理科状元，考取北京大学）

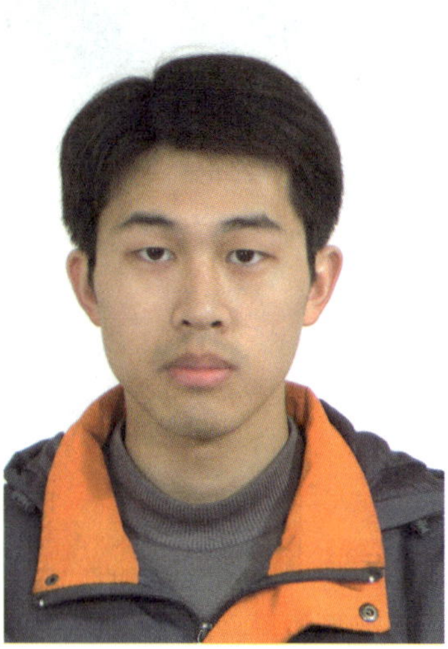

万腾（2002 年滁州市文科状元，考取厦门大学）

董彬彬（2003年滁州市理科状元，考取南京大学）

葛挺（2003年滁州市理科状元，考取中国科技大学）

徐茂龙（2005年滁州市理科状元，考取北京大学）

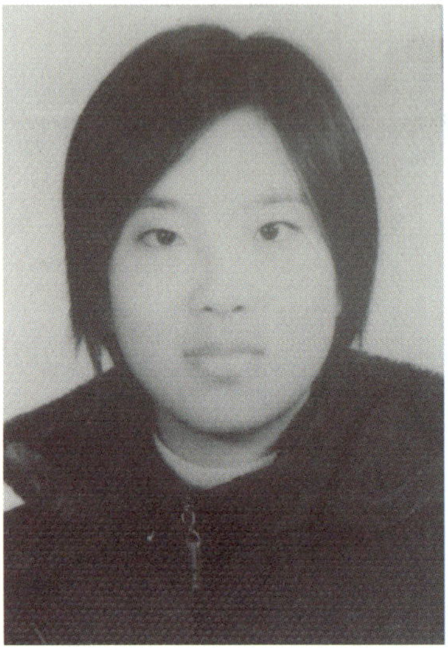

翁联吉（2006年滁州市文科状元，考取复旦大学）

王金保（2008年滁州市文科状元，考取北京大学）

王文娟（2010 年滁州市文科状元，考取北京大学）

黎荣熙（2010 年滁州市理科状元，考取清华大学）

吴志敏（2011 年滁州市文科状元，考取清华大学）

许婷（2013 年滁州市文科状元，考取北京大学）

朱睿（2016年滁州市文科状元，考取北京大学）

陈倩（2016年滁州市理科状元，考取清华大学）

部分考取清华北大学子

1	1978 年	杨晓萍	录取到清华大学
2	1981 年	殷浩	录取到清华大学
3	1981 年	朱忠惠	录取到北京大学
4	1986 年	董金桃	录取到清华大学
5	1987 年	佘文山	录取到清华大学
6	1988 年	董平	录取到北京大学
7	1998 年	瞿体明	录取到清华大学
8	2000 年	刁天峰	录取到北京大学
9	2001 年	叶青	录取到北京大学
10	2003 年	陶荣	录取到北京大学
11	2005 年	徐茂龙	录取到北京大学
12	2005 年	柏志军	录取到北京大学
13	2005 年	蔡东山	录取到清华大学
14	2006 年	庞晓赟	录取到清华大学
15	2006 年	夏爽	录取到北京大学
16	2006 年	刘国俊	录取到北京大学
17	2007 年	李亚伟	录取到北京大学
18	2007 年	徐春萌	录取到北京大学
19	2007 年	金晨	录取到北京大学
20	2007 年	李定辰	录取到北京大学
21	2008 年	王金保	录取到北京大学
22	2008 年	朱文雷	录取到清华大学
23	2010 年	王文娟	录取到北京大学
24	2010 年	黎荣熙	录取到清华大学
25	2010 年	王文倩	录取到清华大学
26	2011 年	吴志敏	录取到清华大学
27	2011 年	熊士林	录取到清华大学
28	2011 年	王雨佳	录取到清华大学
29	2011 年	黄雅洁	录取到清华大学
30	2011 年	毛亚娟	录取到北京大学
31	2013 年	许婷	录取到北京大学
32	2016 年	朱睿	录取到北京大学
33	2016 年	陈倩	录取到清华大学
34	2018 年	马恩旺	录取到北京大学（空军飞行员班）

部分考取清华北大学子照片

杨晓萍
(1978 年考取清华大学)

殷浩
(1981 年考取清华大学)

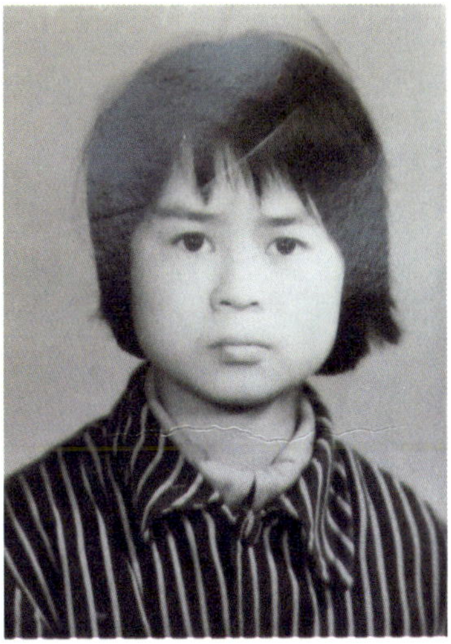

朱忠惠
(1981 年考取北京大学)

董金桃
(1986 年考取清华大学)

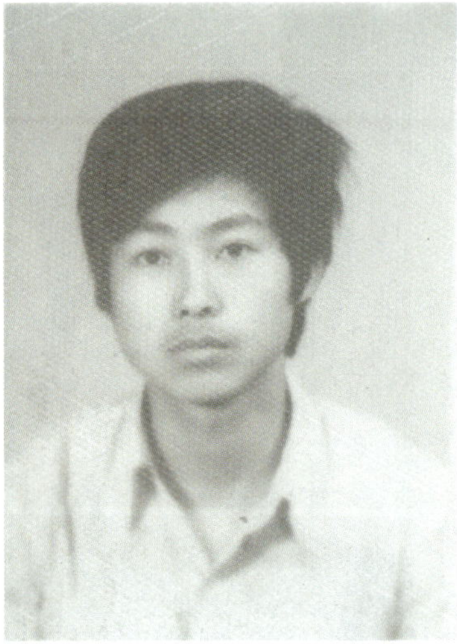

佘文山
（1987 年考取清华大学）

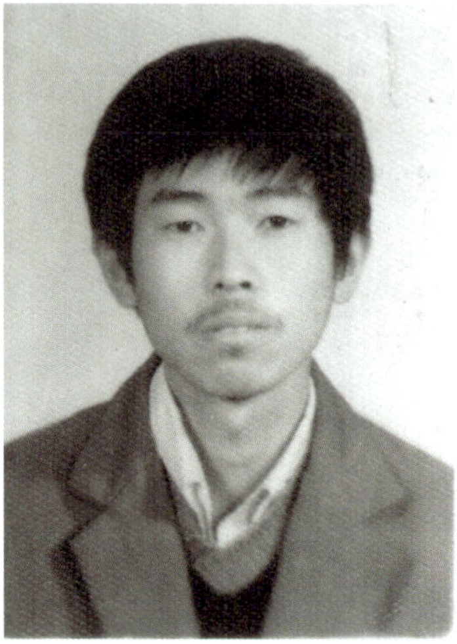

董平
（1988 年考取北京大学）

瞿体明（1998 年考取清华大学）

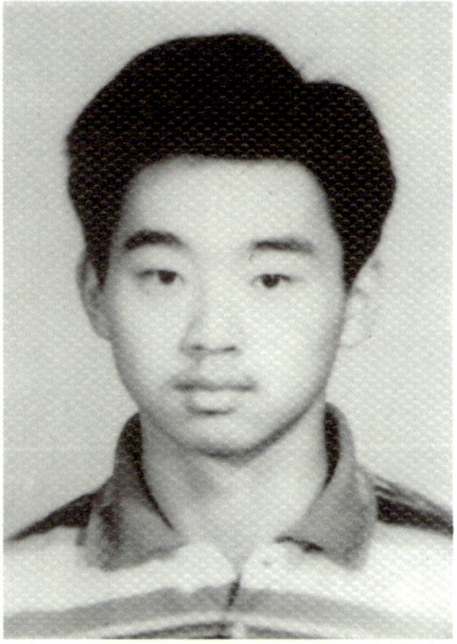

刁天峰
（2000年考取北京大学）

叶青
（2001年考取北京大学）

陶荣（2003年考取北京大学）

徐茂龙（2005 年考取北京大学）

柏志军（2005 年考取北京大学）

蔡东山（2005 年考取清华大学）

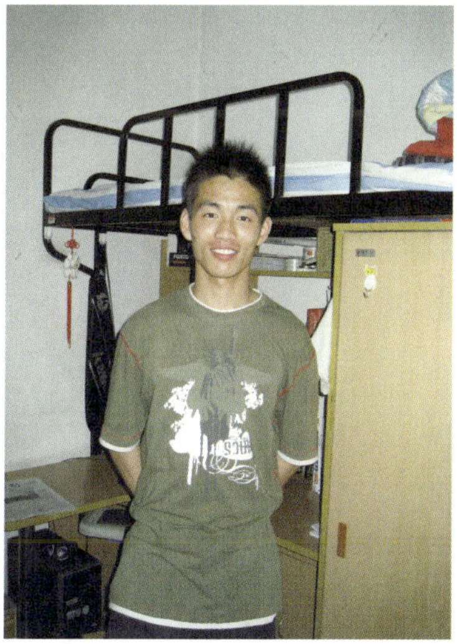

庞晓赟
（2006 年考取清华大学）

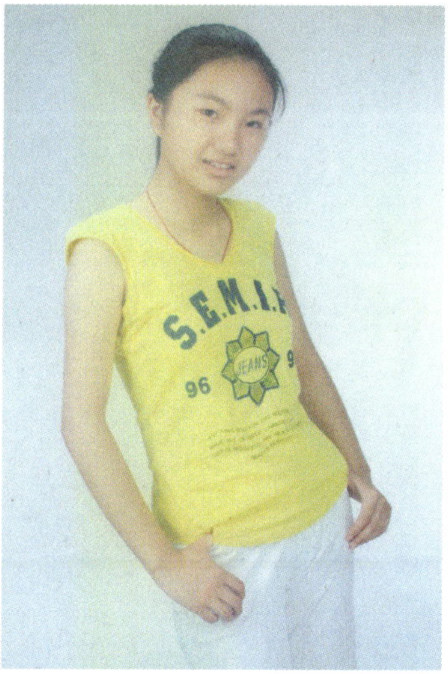

夏爽
（2006 年考取北京大学）

刘国俊
（2006年考取北京大学）

李亚伟
（2007年考取北京大学）

徐春萌
（2007年考取北京大学）

金晨
（2007年考取北京大学）

李定辰（2007年考取北京大学）

王金保（2008年考取北京大学）

朱文雷（2008 年考取清华大学）

王文娟（2010 年滁州市文科状元，考取北京大学）

黎荣熙(2010 年滁州市理科状元,考取清华大学)

王文倩(2016 年考取清华大学)

吴志敏
（2011 年滁州市文科状元，考取清华大学）

熊士林
（2011 年考取清华大学）

王雨佳
（2011 年考取清华大学）

黄雅洁
（2011 年考取清华大学）

毛亚娟（2011年考取北京大学）

许婷（2013年考取北京大学）

朱睿（2016 年滁州市文科状元，考取北京大学）

陈倩（2016 年滁州市理科状元，考取清华大学）

马恩旺（2018年考取北京大学空军飞行员班）

部分高考保送生学子照片

张德明
（1996 年保送北京大学）

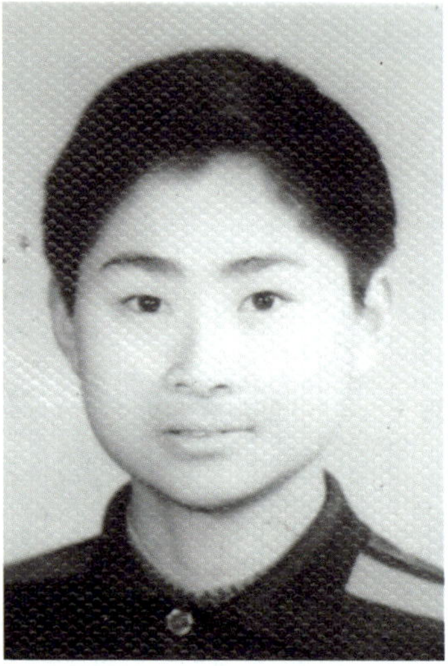

高磊
（2004 年保送浙江大学）

钱以斌（2005 年保送南京大学）

部分艺体特长生优秀学子照片

陆保云(1998 届校友，国家八一队健将级运动员)

许颂(2003 届校友，台湾第一媒体控股有限公司特约演员)

合作交流

安徽省天长中学校史（1928—2018年）

天長中學

马来西亚南方大学校长祝家华来我校访问

泰国兰实大学赵季芬博士、张子龙博士来我校访问

校长陶宁参加天津大学座谈会合影

校长陶宁在福建厦门双十中学考察

著名教育改革家魏书生来天长中学考察

卢旺达贵宾来我校访问

牛津大学柯珍雅博士来我校访问

国际班招生面试

疯狂英语创始人李阳老师来我校讲学

国际部举办英语演讲比赛

外籍教师来校任教

知名校友

安徽省天长中学校史（1928—2018年）

天長中學

知名校友

序号	姓名	届别	职务
1	缪瑞荣	1962 届校友	曾任中国扬子集团公司董事长、党委书记。
2	曹安国	1964 届校友	曾任金诚集团总经理、董事长、党委书记。
3	赵化勇	1967 届校友	曾任中央电视台台长
4	沈维骥	1967 届校友	曾任滁州市委常委、市政府副市长、市人大常委会副主任
5	谢一春	1972 届校友	地理学博士，美国东密歇根大学终身教授、中国科学院特聘海外杰出华人学者
6	钱啸森	1973 届校友	曾任国家审计署卫生药品审计局局长
7	谷　敏	1974 届校友	曾任国家发展与改革委员会监察局副局长
8	王福祥	1975 届校友	曾任解放军审计署装备审计局局长
9	陈海波	1975 届校友（初中）	卫生部科技进步二等奖获得者、北京医院神经科医学专家
10	孙景伟	1975 届校友	曾任国防大学教研部主任
11	庄保斌	1976 届校友	曾任安徽省委宣传部副部长、省文明办主任
12	申长虹	1976 届校友	医学博士，天津市卫生局副局长
13	卢向东	1978 届校友	中国电子科技集团公司第四十研究所党委副书记
14	刘永俊	1978 届校友	滁州军分区常委、后勤部长
15	韦　佳	1978 届校友	教授级高工、国家监理工程师

续表

序号	姓名	届别	职务
16	夏文斌	1979 届校友	曾任北京大学党委宣传部常务副部长，现任石河子大学党委书记
17	董荣	1980 届校友	曾任安徽省知识产权局局长，兼任省知识产权研究所理事长、省环保协会副理事长，现任省新闻出版广电局副局长
18	李清泉	1981 届校友	工学博士，国务院特殊津贴获得者，曾任武汉大学副校长，现任深圳大学校长
19	王秀明	1982 届校友	国家审计署法制司司长
20	徐月高	1983 届校友	国家人事部政策法规司副司长
21	袁子文	1985 届校友	中科大郭沫若奖学金获得者、国家科技进步一等奖获得者、国际知名投资公司咨询顾问
22	王玉凤	1986 届校友	动物学博士，联合国教科文组织——欧莱雅 2000 年青年妇女生命科学研究奖学金获奖者
23	沙玉山	1986 届校友	湖北省民族宗教事务委员会副主任
24	虞文武	2000 届校友	现为东南大学青年特聘教授、博士生导师、东南大学数学学院副院长，获 2016 年国家自然科学二等奖
25	郁培文	2005 年考取中国科技大学少年班	现任复旦大学管理学院管理科学系副教授，2017 年 8 月获得国家自然科学基金优秀青年基金，成为最年轻的国家优青获得者
26	熊明磊	2008 届校友	第二届中韩大学生创业大赛特等奖，福布斯中国 30 位 30 岁以下精英榜，胡润中国 30 位 30 岁以下创业领袖榜

缪瑞荣

曹安国

赵化勇

沈维骥

谢一春

钱啸森

谷　敏

王福祥

陈海波

孙景伟

庄保斌

申长虹

卢向东

刘永俊

韦 佳

夏文斌

董 荣

李清泉

王秀明

徐月高

袁子文

王玉凤

沙玉山

虞文武

郁培文

熊明磊

走向未来

九十年艰苦创业，沧桑砥砺；九十载开拓进取，春华秋实。九十年辉煌历史，是天中人用如椽之笔写就，是天中人用辛勤的汗水创造。我们不会忘记前人的筚路蓝缕，不会忘记往昔的峥嵘岁月，不会忘记社会各界对天中的全力支持，更不会忘记漫漫征途对天中人的热切召唤。

雄关漫道真如铁，而今迈步从头越。今天的天中人，沐浴着十九大的春风，在充满活力，务实稳健，勇于创新的天中领导班子的带领下，正在以昂扬的斗志，向着创社会满意、家长放心、学生向往、不断创新的现代化、有特色的一流学校的崭新目标，向着谱写天中新的辉煌的灿烂明天阔步前进。天中的明天，会更加辉煌！